DICTIONNAIRE DES EXPRESSIONS PAILLARDES ET LIBERTINES

DE LA LITTÉRATURE FRANÇAISE

Jean-Marc Richard

DICTIONNAIRE DES EXPRESSIONS PAILLARDES ET LIBERTINES DE LA LITTÉRATURE FRANÇAISE

filipacchi

AVANT-PROPOS

Le but de ce livre n'est pas de présenter un inventaire exhaustif des locutions érotiques de la langue française, mais plutôt un recueil sélectif de celles-ci.

Choisies parmi les plus grivoises et les plus savoureuses, les plus amusantes et les plus salées, ces expressions ont toutes été glanées dans la littérature, ancienne et moderne, sous toutes ses formes : romans, nouvelles, pièces de théâtre, poésies, chansons, correspondances, articles de journaux et de revues, polars, bandes dessinées, etc.

C'est à dessein qu'ont été écartées les locutions mentionnées seulement dans des dictionnaires de langage populaire et d'argot, anciens ou contemporains, sans aucune référence ou alors agrémentées d'exemples fabriqués de toutes pièces par les auteurs de certains de ces ouvrages. N'ont été retenues que les expressions attestées dans quelque œuvre littéraire ou paralittéraire.

Ce n'est donc pas une compilation de glossaires érotiques et de lexiques d'argot, mais le fruit de lectures et recherches originales. Les connaisseurs en la matière constateront que beaucoup de raretés et de nouveautés ont été réunies pour la première fois ici.

Cette collection forme, en quelque sorte, une anthologie des meilleures locutions du langage érotique, illustrées de citations d'œuvres d'auteurs connus ou méconnus, ou encore de divers textes anonymes, du XVe au XXe siècle. S'y côtoient ainsi des expressions polissonnes et gauloises, puisées aussi bien, par exemple, chez des auteurs libertins du XVIIIe siècle que chez des écrivains argotiers du XXe siècle. Néanmoins la proportion de celles qui datent des XIXe et XXe siècles est plus importante. D'une part, maintes locutions érotiques anciennes, notamment celles qui remontent au XVIe siècle ou avant, sont trop obscures pour les francophones actuels, ou alors ne sont pas des plus drôles. D'autre part, ce sont surtout les textes plus récents, à partir de la fin du XVIIIe siècle et plus encore depuis le siècle dernier, qui recèlent les expressions les plus variées et les plus lestes, désignant tous les actes et les comportements sexuels dans leur diversité, surtout grâce à l'apport de l'argot.

C'est intentionnellement en termes conventionnels, et presque médicaux comme certains néologismes en particulier, que la signification de ces locutions a été donnée, afin d'en faire ressortir le piquant, la truculence et le pittoresque.

Premier dictionnaire consacré exclusivement à de telles expressions, cet ouvrage fort licencieux et plaisant, regorgeant de citations croustilleuses et succulentes, n'est pas à mettre entre toutes les mains, du moins entre celles des pisse-froid, des grenouilles de bénitier, des rabat-joie et autres punaises de sacristie... Quant aux amateurs de crudités et de paillardises, c'est avec délices qu'ils batifoleront dans ce jardin fleuri de mots verts... [1]

1. N.d.E. : Hormis les citations antérieures au XIXe siècle dont l'orthographe a été modernisée pour en faciliter la lecture, toutes les autres respectent scrupuleusement l'orthographe des éditions originales mentionnées. Nous avons pris le parti de ne point corriger ce qui pourrait être considéré dans le français contemporain comme faute ou coquille.

A

ABRICOT

METTRE L'ABRICOT EN FOLIE : *exciter sexuellement une femme.*

« Voilà, je lui fais avec un sourire à lui mettre l'abricot en folie, faut se quitter là. »

A. Bastiani,
Polka dans le champ de tir, Gallimard, 1955

AFFAIRE

FAIRE SA PETITE AFFAIRE : *se masturber.*

« Heureusement, il restait les chiottes. (...) C'était là qu'il pouvait faire sa petite affaire parce que dans la chambre, impossible. »

R. Guérin,
L'Apprenti, Gallimard, 1946

AIGUILLÉE

S'EN FAIRE FILER UNE AIGUILLÉE : *se faire sodomiser (en parlant d'un jeune homme).*

« Les gironds, c'est ma passion... Si c'est que t'aurais envie de me brouter la tige ou de t'en faire filer une aiguillée t'as qu'un mot à dire. »

A. Vers,
C'était quand hier ?, Régine Deforges, 1990

AIL

TAPER L'AIL : *être lesbienne.*

« Elles aiment mieux s'antifler de sec entre elles, parce que quand elles étaient jeunottes, elles ont été élevées à la Pension Croque-Madame, et tout comme les homards sont de la pédale, elles, elles tapent l'ail. »

P. Devaux,
La Langue verte et les Propos de l'affranchi, Hazan, 1936

AIR

S'ENVOYER EN L'AIR : *jouir ; coïter.*

« Tout de même, à quarante berges et des poussières, m'envoyer en l'air comme ça, toute seule, rien que parce que tu me touches du bout des doigts, c'est quelque chose. Faut que je sois dingue en plein. »

A. Bastiani,
La Croix des vaches, Éditions du Gerfaut, 1958

« Hi ! Hi ! J'ai trouvé !!! Tu n'as qu'à t'envoyer en l'air un max ! Ça finira bien par te passer ! Hé ! Hé ! »

Tramber,
La Guerre des oreilles, Les Humanoïdes Associés, 1986

JOUER UN AIR DE ZIZI-PANPAN : *coïter (en parlant d'un homme).*

« Je t'ai vu en train de la t..., je suis montée sur l'échafaudage des peintres et, par la fenêtre, je vous ai vus, bon dieu ! T'étais en train de lui jouer un air de zizi-panpan. »

J. Thompson,
1275 âmes, Gallimard, 1966

JOUER UN AIR DE CLARINETTE : *pratiquer la fellation.*

« Un midi j' la surprends sur le tas de cuir en train de se faire baiser par Gabriel, le brocheur. J'ai rien dit et fermé les yeux. Le lendemain, j' la pique dans les chiottes à jouer un air de clarinette à Bébert l'apprenti, un môme de treize ans ! »

C. Lépidis,
La Main rouge, Le Seuil, 1978

JOUER UN AIR DE FLÛTE À SIX TROUS : *pratiquer le cunnilinctus.*

« Il faut leur faire un sacré cinéma pour les contenter. Tantôt, il faut leur jouer “ La Belle au bois dormant ”, tantôt, avant de passer à l'action, ils tiennent à vous jouer un air de flûte à six trous où je pense, d'autres se prennent pour un coq de bruyère et certains, pour se donner plus de nerf, me réclament de leur piquer les fesses avec une fourchette à escargots. »

A. Bastiani,
Les Mauvais lieux des environs de Paris, Balland, 1970

SE JOUER UN AIR DE MANDOLINE : *se masturber (en parlant d'une femme).*

« En attendant je fais gaffe, elle se joue peut-être bien un petit air de mandoline dans le page, mais y a pas de pet. »

P. Devaux,
La Langue verte et les Propos de l'affranchi, Hazan, 1936

ALLER

FAIRE L'ALLER ET RETOUR : *coïter deux fois sans se retirer du vagin.*

« C'est un pauvre homme, dit-elle ; il ne peut pas même faire l'aller et retour sans être sur les dents. »

A. François, in A. Delvau,
Dictionnaire érotique moderne, 1864

ALPENSTOCK

SE FAIRE GRUMELER L'ALPENSTOCK À CRINIÈRE : *se faire faire une fellation.*

« Eh bien, crois-moi ou fonce te faire grumeler l'alpenstock à crinière, mais il me semble percevoir un léger bruit. »

San-Antonio,
Meurs pas, on a du monde, Fleuve Noir, 1980

ANCRE

MOUILLER L'ANCRE : *coïter (en parlant d'une femme).*

« (...) tout ainsi que le navire, si le cordage est détendu, court au gré de la tourmente, de même la femme, si elle n'est clouée, va souvent mouiller l'ancre où le patron du vaisseau ne voudrait pas ; bref qu'au péril de leur vie et de ce qui leur doit être le plus cher, elles suppléeront l'incapacité de leurs vieillards. »

Cholières,
Les Neuf matinées, 1585

ANDOUILLE

FAIRE DRESSER L'ANDOUILLE : *mettre en érection.*

« Çà, mon cœur, que je te chatouille,
Pour faire dresser ton andouille. »

Théophile,
Le Parnasse satyrique, 1622

FAIRE GONFLER L'ANDOUILLE : *idem.*

« Je donnerais, pour baiser cette arsouille,
Pine et roustons ;
Le nerf du cul fait gonfler mon andouille
Comme un ballon. »

Guitare, in *Anthologie hospitalière et latinesque,* 1911-1913

METTRE L'ANDOUILLE AU POT : *coïter (en parlant d'un homme).*

« Moi qui suis tant gentil, tant dispos, tant allègre,
Et qui sais proprement mettre l'andouille au pot,
Et larder le connin, je fais ici du sot. »

P. Troterel,
Les Corrivaux, 1612

ANGLAIS

LES ANGLAIS SONT DÉBARQUÉS : *avoir ses règles.*

« Enhardi par le vin que j'avais bu, je bravai cette fois ses prières et ses larmes, je bravai bien plus, je bravai les Anglais qui étaient débarqués, et je fus vainqueur. Mais je ne pus reconnaître parmi tant de sang s'il s'en mêlait quelque goutte de virginal. »

Les Amours secrètes de M. Mayeux, 1832

PARLER ANGLAIS : *idem.*

« Ell' jouit... d'un' santé excellente,
C'est ce qui m' plaît,

Et tous les mois, du vingt au trente,
Ell' parle anglais. »

Chanson d'Infortunio, in *Anthologie hospitalière et latinesque,* 1911-1913

ANGLICHE

AVOIR SES ANGLICHES : *avoir ses règles.*

« J' te crois. Cette salope qu'avait ses angliches ! Aussi, tu parles d'une tournée pour son rhume de moelle ! »

L. Boyer-Rebiab,
24 heures de bordée, Librairie Française, 1905

ANGORA

FLATTER L'ANGORA : *caresser le sexe d'une femme.*

« Flatte mon angora, cher ange, baise-le de tes lèvres : nous allons jouir. »

J. Le Vallois, in A. Delvau,
Dictionnaire érotique moderne, 1864

ANGUILLE

MANGER L'ANGUILLE SANS LA SAUCE : *retirer le pénis du vagin au moment de l'éjaculation.*

« Prenez donc des précautions !
Sans la sauce mangez l'anguille !
Beau moyen et bien éprouvé :
J'en suis pour un enfant trouvé. »

P. J. de Béranger,
Chansons érotiques, 1834

ARAIGNÉE

SE FAIRE ÔTER LES ARAIGNÉES DU BIJOU : *coïter (en parlant d'une femme).*

« Je sais m'y prendre : le mari de ma sœur est un bandalaise et elle se fait de temps en temps ôter par moi les araignées du bijou. »

N. E. Restif de La Bretonne,
L'Anti-Justine, 1798

ARBALÈTE

SE PLUMER AVEC SON ARBALÈTE SOUS LE BRAS : *ne pas avoir trouvé de partenaire, se coucher seul.*

« Mais mon Jupiter qui avait pas l'habitude de se plumer avec son arbalète sous le bras, comme un simple branquignol, se fit : “ Ah ! c'est comaco ! (...) J'ai pas l'habitude qu'on me refuse ! ... ” »

P. Devaux,
Les Dieux verts, Éditions de la Nouvelle Revue Critique, 1943

ARGAGNASSE

AVOIR SES ARGAGNASSES : *avoir ses règles.*

« Et que, cinq jours par mois, elles ont leurs argagnasses et deviennent de ce chef indisponibles ?... »

M. E. Grancher,
Poil au bilboquet !, Éditions Rabelais, 1959

ARME

PRÉSENTER LES ARMES : *être en érection.*

« Le planton solitaire, à l'aspect de ces charmes,
Crut qu'il voyait passer Vénus et les Amours !
Et sentit, malgré lui, qu'il présentait les armes... »

C. Privé,
Le Salut militaire, in *Anthologie hospitalière et latinesque,* 1911-1913

PASSER PAR LES ARMES : *sodomiser (en parlant d'un homosexuel).*

« L'un, assez petit, malingre, accusait l'autre, beaucoup plus grand, de l'avoir attiré dans son appartement, de l'avoir déshabillé sous la menace d'un couteau et, toujours sous cette menace, de lui avoir fait subir les derniers outrages. Le petit n'aurait peut-être rien dit, mais le grand s'était vanté autour de lui de l'avoir “ passé par les armes ” et il avait alors porté plainte, avec constitution de partie civile. »

J. Arnal,
Boulevard de la Mondaine, Éditions Filipacchi, 1989

AS

PAUFICHONNER L'AS DE TRÈFLE : *sodomiser (un homme).*

« À Rome, l'on paufichonne l'as de treffle aux petits abbés, mais les femmes ont une peur terrible des Ratichons et des papegaux en serpillière, qui leur fourrent leur goupillon au cul et leur aspergent l'intérieur du ventre de foutre de prêcheur, le plus coulant de tous, s'il faut en croire Béroalde de Verville. »

T. Gautier,
Lettre à la Présidente, Voyage d'Italie, 1850

ASCENSEUR

FAIRE GRIMPER L'ASCENSEUR : *mettre en érection.*

« C'est peut-être un bouquin " cochon ", un de ces bouquins qui " fait grimper l'ascenseur ", selon l'hermétique expression de trique. »

Machard,
Printemps sexuels, in *Mercure de France,* 1.8.1926

ASPERGE

EMBROQUER L'ASPERGE : *coïter (en parlant d'un homme).*

« — En plein coup, non mais tu rêves ! proteste le Mastar. Juste que j'allais embroquer c't'asperge ! La planter superbe ! »

San-Antonio,
On liquide et on s'en va, Fleuve Noir, 1981

AUMÔNIÈRE

S'ÉCOPER LES AUMÔNIÈRES : *se masturber.*

« Il s'écope les aumônières en force. L'énergie farouche. Surpuissant. Ça urge. »

San-Antonio,
Maman, les petits bateaux... Fleuve Noir, 1975

AVEUGLE

LOGER L'AVEUGLE : *coïter (en parlant d'un homme).*

« Contemplez-moi ces bons suppôts de la bande vénérienne, vous leur verrez les yeux rouges, chassieux et à demi perdus ; et d'où cela, sinon que par cette expérience nous trouvons que, lors qu'on s'est dételé du coli cupidique, vous avez un éblouissement d'yeux. Les uns ont les yeux battus, les autres hâves. À la continue, ils se chargent si fort que, pour loger ou héberger l'aveugle, on devient aveugle. »

Cholières,
Les Neuf matinées, 1585

FAIRE PLEURER SON AVEUGLE : *se masturber.*

« J'entrais à l'improviste dans le cabinet et je surpris le galopin fiévreusement occupé à faire pleurer son aveugle. »

Les Propos du commandeur, in H. France,
Dictionnaire de la langue verte, Librairie du Progrès, 1907

B

BABA

LE PRENDRE DANS LE BABA : *coïter (en parlant d'une femme).*

« Elle croyait qu'on lui demandait à quel âge elle l'avait pris pour la première fois dans le baba. »

F. Trignol,
Pantruche ou les mémoires d'un truand, Fournier, 1946

SE LAISSER TAPER DANS LE BABA : *se faire sodomiser (en parlant d'un homme).*

« Monsieur n'a plus, crac, qu'à se laisser taper dans le baba ! et attention, pardon, pas chou pour chou, confondons pas, intégral ! »

A. Simonin,
Touchez pas au grisbi !, Gallimard, 1953

METTRE LA POGNE AU BABA : *mettre la main aux fesses, au sexe d'une femme.*

« Oh ! mais salaud ! qu'elle envoie au négro, je vous ai pas demandé de me mettre votre pogne au baba, tenez, pan, prenez toujours cette baffe dans le portrait, ça sera votre pourliche et tirez-vous. »

P. Devaux,
La Langue verte et les Propos de l'affranchi, Hazan, 1936

ENVOYER LA LOUCHE AU BABA : *idem.*

« Le bénard, moulant bien le fion, il trouve seyant, donne son accord, mais douloureuse énigme, il se demande comment avec ces frocs leur envoyer la louche caressante au baba, aux frangines. »

A. Simonin,
L'Élégant, Gallimard, 1973

BABASSE

PISTONNER LA BABASSE : *coïter (en parlant d'un homme).*

« Elle se raconte comme c'était bon, qu'au grand jamais on lui a grignoté la tartine pareillement. Ni pistonné la babasse avec une telle application. Elle en a des frissons, des vertiges. »

San-Antonio,
Les Deux oreilles et la queue, Fleuve Noir, 1984

BAGOUSE

ÊTRE DE LA BAGOUSE : *être homosexuel.*

« On racontait que dans l'armée allemande, tous ces beaux blonds, ils en étaient de la bagouze !... Un peu comme les Spartiates, quoi !... »

A. Boudard,
Manouche se met à table, Flammarion, 1975

SE FAIRE TARAUDER LA BAGOUSE : *se faire sodomiser (en parlant d'un homme).*

« Lui, ça l'étonnait pas tant qu'un général de haut grade se fasse tarauder la bagouse par les bougnoules. En Afrique du Nord il en avait vu bien d'autres ! Il prétendait même que s'il avait voulu accepter les viles propositions de son colonel, il serait maintenant lui aussi général. Seulement voilà, la brioche infernale, il en croquait pas. »

A. Boudard,
Les Combattants du petit bonheur, La Table Ronde, 1977

BAGUE

ENFILER LA BAGUE : *coïter (en parlant d'un homme).*

« Et s'en aller chercher une place éloignée,
Pour enfiler la bague et rembourrer le bas
De celle qu'il avait choisie pour ses ébats »

Théophile,
Le Parnasse satyrique, 1622

BAGUETTE

ASTIQUER LA BAGUETTE : *masturber (un homme).*

« Celle-ci d'un tambour astiquait la baguette. »

L. Protat, in A. Delvau,
Dictionnaire érotique moderne, 1864

S'EN FAIRE METTRE PLEIN LES BAGUETTES : *coïter (en parlant d'une femme).*

« Et c'est même rigolo de penser, quand c'est que t'es en cheville avec une patronne, que c't' même pisseuse (...) saura ben t't'à l'heure, s'elle en trouve le joint, se déguinder de s'n orgueil de commande pour venir au bouverin, ou dans l'grange, ou au cellier, ou n'importe, s'en faire met' plein les baguettes par ce même Batiss', qu'elle appellera alors s'n amour de gros trognon de chou en or. »

M. Stéphane,
Sirènes de cambrouse et Margots des bois,
Éditions de la Nouvelle Revue Critique, 1931

SE FAIRE TAPER DANS LES BAGUETTES : *se faire sodomiser (en parlant d'un homme).*

« Demi-sel ! Ça se fait taper dans les baguettes et ça se croit un homme. Fœtus de singe ! »

M. Raphaël,
Le Festival, Éditions du Scorpion, 1950

BAIGNEUR

TREMPER SON BAIGNEUR : *coïter (en parlant d'un homme).*

« Bon Dieu ! Je me disais, y a pas de quoi en être fier, d'aller tremper son baigneur dans l'ectoplasme là. »

C. Aubin,
Le Marin de fortune, Le Seuil, 1976

« J'ai le baigneur qui veut piquer une tête.
— Ben, va le tremper ! »

M. Charef,
Le Thé au harem d'Archi Ahmed, Mercure de France, 1983

BALANÇOIRE

FAIRE DE LA BALANÇOIRE : *coïter avec une femme enceinte.*

« Il se marida donc avec Marie, mais préféra se taper sur le bide durant toute la grossesse, ne tenant pas à faire de la balançoire à son âge. »

J. M. Keurbé & M. Thiégurel,
Les Évangiles en argot, Éditions S.V.P., 1989

BALAYETTE

SE RÉGALER LA BALAYETTE INFERNALE : *coïter (en parlant d'un homme).*

« Ça durait depuis près d'un marcottin. Le poisse se faisait passer pour un lapin de couloir actuellement en chômage, et faisait ça au béguin avec la gisquette tout en se régalant la balayette infernale. »

P. Devaux,
Jésus-la-Caille, traduit en langue verte,
Éditions de la Nouvelle Revue Critique, 1939

CRÉCHER AVEC LA BALAYETTE SOUS L'AILERON : *ne pas avoir de relations sexuelles.*

« Ainsi dans l'Olympe, peuplé uniquement de caïds on avait plutôt tendance à être porté sur la partie de bordelaise tout-atout, et c'était plutôt la mode de ne pas crécher avec la balayette sous l'aileron. »

P. Devaux,
Les Dieux verts, Éditions de la Nouvelle Revue Critique, 1943

BALOCHE

GLOUGLOUTER LES BALOCHES : *sucer les bourses.*

« La Géraldine, si elle en profite, la garce, pour s'offrir le jeune vicomte... lui glouglouter les baloches, lui déguster le gland d'une bouche experte ! »

A. Boudard,
L'Éducation d'Alphonse, Grasset, 1987

BANANE

SAVOURER LA BANANE : *pratiquer la fellation.*

« Le taillage de plume est un Art essentiellement français. (...) La synonymie est extrêmement riche (...), nous ne citerons parmi les synonymes que les plus importants. Les potaches, amateurs de sucre d'orge, emploient le terme très défectueux de " sucer " ; le bourgeois dit " travailler " ; (...) le gourmet " savourer la banane ". »

F. Carabin,
Traité didactique de la Plume, 1915,
in G. Legman, *Oragénitalisme,* Truong, 1970

BAOBAB

SE PLANTER LE BAOBAB : *coïter (en parlant d'un homme).*

« Faut que je me plante le baobab d'urgence ! J'ai le feu dans le moyeu ! Allez, la grosse, à la casserole ! »

San-Antonio,
Appelez-moi chérie !, Fleuve Noir, 1972

BAQUET

DANSER SUR LE BAQUET : *coïter (en parlant d'un homme).*

« Un mec capable de danser sur le baquet d'une frangine pendant deux heures sans se fatiguer ne pouvait pas perdre au jeu de l'amour. »

A. Le Breton,
Du Rififi chez les femmes, Presses de la Cité, 1957

BARBE

METTRE LA FAUSSE BARBE : *pratiquer le cunnilinctus.*

« Ou bien d'autres fois, il appelait la plus chouette gisquette et mettait la fausse barbe, quoique ayant déjà un piège à deux branches. »

P. Devaux,
Le Livre des darons sacrés, Éditions L'Humour des Temps, 1960

BARBU

BESOGNER LE BARBU : *coïter (en parlant d'un homme).*

« Ce qu'il m'avait été donné d'entrevoir, oh fugacement, de ces gymnastiques, me donnait comme un sourd malaise, proche de l'écœurement, et en aucune façon d'envie imitative, de désir de me substituer à Octave besognant d'un membre roide le barbu baveux de la cuistote. »

A. Simonin,
Confessions d'un enfant de la Chapelle, Gallimard, 1977

BARRE

AVOIR LA BARRE À MINE : *être en érection.*

« Dès qu'ils voient une belle, des plus dénudées, ils vont vers elle. Ils se rincent l'œil pour tuer le temps...

— Ça me donne envie de baiser, dit Pat. J'ai la barre à mine. »

M. Charef,
Le Thé au harem d'Archi Ahmed, Mercure de France, 1983

AVOIR UNE BARRE D'ACIER SUÉDOIS : *avoir une forte érection.*

« Elle a le feu au fion et j'ai une barre d'acier suédois. »

P. Bonnecarrère,
Qui ose vaincra, Fayard, 1971

NE PAS AVOIR LA BARRE FIXE : *n'être pas en état de coïter (en parlant d'un homme).*

« Raah ! Je sens qu'elle va me proposer la botte ! Fais chier ! J'ai vraiment pas la barre fixe, avec toute cette picole... »

Tramber,
Pas de cadeau à Gromago, L'Écho des Savanes, Albin Michel, 1989

BARRICADE

FORCER LA BARRICADE : *déflorer.*

« Ma robe était donc troussée sur le dos, et me faisant raidir l'échine, je lui présentai beau. Ce nouveau visage l'émut si fort qu'il ne m'écouta plus ; il poussa et m'entrouvrit avec plus de facilité que devant, et fit tant à la fin, se remuant de cul et de tête, qu'il força la barricade. »

M. Millot,
L'Escole des filles ou la philosophie des dames, 1655

BÂTON

FAIRE BÂTON : *être en érection.*

« Ça me rappellera, à moi vieux roublard, le temps où je l'avais encore, où j'étais si godiche avec le sexe, où les femmes m'allumaient si facilement, que la première guenon venue qui me mettait la main dessus me f'sait faire bâton pendant quinze jours... »

Lemercier de Neuville,
Les Jeux de l'amour et du bazar,
in *Le Théâtre érotique de la rue de la Santé,* 1864-1866

« J'crois ben qu' la seul' médecine
Qui pourrait m'guérir tout d'bon
Et m'empêcher d'fair' bâton,
Ce s'rait d'fair sombrer ma pine,
Capitain', dans un pied d'con. »

G. de La Landelle,
Matelot, in *Le Parnasse satyrique du* XIX*e siècle,* 1864

AVOIR LE BÂTON DE CHÂTAIGNER : *avoir une forte érection.*
« Je me vois bien en train de lui croquer les miches... Pendant qu'elle me sucerait doucement...
— Grmbll ! Assez ! J'ai le bâton de châtaigner ! Le gourdin d'enfer ! L'état d'urgence ! »

Tramber,
in *L'Écho des Savanes,* n° 75, 1989

CASSER UN BÂTON : *coïter (en parlant d'un homme).*
« Ça m'a fait un bien fou, ça m'a même excité, j'casserais bien un bâton ! »

Golo & Frank,
Ballades pour un voyou, Éditions du Square, 1979

BÉARNAISE

VIRGULER SA BÉARNAISE : *éjaculer.*
« Et aussi, qu'un monôme d'étudiants se rassemble au-dessus d'elle et que les petits gars lui virgulent en chœur leur béarnaise sur le corps, jusqu'à ce qu'elle disparaisse, soit ensevelie totalement. »

San-Antonio,
Maman, les petits bateaux..., Fleuve Noir, 1975

BÉBÊTE

METTRE SA BÉBÊTE AU CHAUD : *coïter (en parlant d'un homme).*
« Un' gross' femm' me dit tantôt :
" Viens voir ma petit' boutique,
C'est un p'tit coin magnifique
Pour mettr' ta bébête au chaud ! " »

Phylo & Telly,
Un p'tit abri, chanson, 1913, in *Fascination,* n° 29, 1986

SE FAIRE BOUFFARDER LA BÉBÊTE : *se faire faire une fellation.*

« Je supportais déjà ce triste uniforme, à la longue j'irais aussi me faire bouffarder la bébête par les doyennes édentées, j'irais coïter près des tombes... ça devait faire partie d'une évolution inéluctable. »

A. Boudard,
L'Hôpital, La Table Ronde, 1972

BEC

RESTER EN BEC DE CAFETIÈRE : *demeurer en érection.*

« Toujours à ce que dit Roland le ténébreux... il nous affirme qu'il a le don de bander, quand et où il veut, de rester en bec de cafetière une plombe si ça lui chante. »

A. Boudard,
L'Hôpital, La Table Ronde, 1972

AVOIR UN BEC DE GAZ DANS LE FUTAL : *être en érection.*

« Elle est devenue dingue en plein, miss Mademoiselle. Tu sais qu'elle mange mes lèvres ? Je vais avoir quinze becs-de-lièvre (et un de gaz dans le futal) si elle arrête pas. »

San-Antonio,
Plein les moustaches, Fleuve Noir, 1985

BÉLIER

FLIPPER DU BÉLIER : *être sexuellement surexcité.*

« L'un de ces éphèbes effilés qui tricotent des appels sirupeux de leurs miches habiles, travelo format standard nommé Francine (...), disponible à tous ceux qui flippaient du bélier, non dénué, avec ça, d'une ironie méprisante à leur endroit, ou plutôt leur envers... »

A. Dubrieu,
Le Désert de l'Iguane, Ramsay, 1979

BERLINGOT

AVOIR SON BERLINGOT : *être vierge.*

« Ah ! ben quoi pac' que j'lai encore
Toi aussi dans l'temps tu l'as eu
Est-c' que l'berlingot déshonore
Ou qu'tu veux t'orfaire une vertu »

H. Chassin,
Machin de Belleville, Radot, 1927

« Elle marne du matin à la noille, elle n'a que ça dans le cassis, elle, même si elle claque à l'âge d'une grand-mère, elle a encore son berlingot. »

P. Devaux,
La Langue verte et les Propos de l'affranchi, Hazan, 1936

BERLINGOTTE

RONGER LA BERLINGOTTE : *pratiquer le cunnilinctus.*

« Plus loin, mais dans le même endroit, la Princesse de Bergamote a séduit la fille du Roi et lui ronge la berlingotte... »

R. Rabiniaux,
La Fin de Pédonzigue, Simoën, 1978

BÊTE

FAIRE LA BÊTE À DEUX DOS : *coïter.*

« En son âge viril, épousa Gargamelle, fille du roi des Parpaillos, belle gouge et bonne trogne ; et faisaient eux deux souvent ensemble la bête à deux dos, joyeusement se frottant leur lard, tant qu'elle engrossa d'un beau fils et le porta jusqu'à l'onzième mois. »

F. Rabelais,
Gargantua, 1534

« (...) et le dos à même l'mince cloison de briques darrier quoi s'petite-fille et s'bouvier s'escrimaient à faire une bête à deux dos, en couplant deux culs d'une cheville, comme dit le fabuliss' ! »

M. Stéphane,
Sirènes de cambrouse et Margots des bois,
Éditions de la Nouvelle Revue Critique, 1931

JOUER À LA BÊTE À DEUX DOS : *coïter.*

« N'estimez-vous pas un cas prodigieux de ce que Nicolas Boyer, en ses décisions du Parlement de Bordeaux, allègue d'un homme de Catalogne, qui surchargeait si souvent sa femme qu'elle fut contrainte (...) en faire sa plainte à la reine d'Aragon, laquelle ayant fait appeler le mari, confessa que véritablement dix fois par jour ils jouaient ensemble à la bête à deux dos. »

Cholières,
Les Neuf matinées, 1585

BEURRE

ALLER AU BEURRE : *coïter (en parlant d'une femme).*

« Zut ! je veux aller au persil pour aller au beurre, moi, na ! Je veux pour une nuit, retrouver les voluptés de ma première jeunesse, tout comme mes pensionnaires !... »

Lemercier de Neuville,
Les Jeux de l'amour et du bazar,
in *Le Théâtre érotique de la rue de la Santé,* 1864-1866

Y ALLER DE SON BEURRE : *jouir (en parlant d'une femme).*

« Tu m'as fait crânement jouir, cochon ! voilà la première fois que j'y vais de mon beurre aussi franchement !... Et toi, mon ange, as-tu joui ? »

Lemercier de Neuville,
Les Jeux de l'amour et du bazar,
in *Le Théâtre érotique de la rue de la Santé,* 1864-1866

BATTRE LE BEURRE AU MILIEU D'UN ÉTRON : *pratiquer la sodomie.*

« Pour Jupiter, façon vraiment divine,
Le con lui pue, il aime le goudron ;
D'un moule à merde il fait un moule à pine
Et bat le beurre au milieu d'un étron. »

Les Quatre âges du cœur ou le Plaisir des dieux,
in *Le Parnasse satyrique du XIXe siècle,* 1864

BIBERON

MASTIQUER LE BIBERON : *pratiquer la fellation.*

« On l'apporte à Mirella, elle lui mastique le biberon pour la peau (c'est l'cas d'y dire) et juste au moment qu'y r'colle au peloton, tu viens chanstiquer ses effets d'zob av'c des questions flicardes ! »

San-Antonio,
Ma Cavale au Canada, Fleuve Noir, 1989

BIBI

PASSER BIBI À LA PATIENCE : *se masturber.*

« Ah ! ça vous étonne aussi... Vous l'avez, comme nous, connu idiot, ne sortant jamais, s'endormant sur des romans illustrés en passant bibi à la patience. »

L. Descaves,
Sous-offs, 1889

BIDE

SE TAPER SUR LE BIDE : *se masturber ou pratiquer l'abstinence.*

« Il se marida donc avec Marie, mais préféra se taper sur le bide durant toute la grossesse, ne tenant pas à faire de la balançoire à son âge. »

J. M. Keurbé & M. Thiégurel,
Les Évangiles en argot, Éditions S.V.P., 1989

BIGORNEAU

SE DÉGORGER LE BIGORNEAU : *coïter (en parlant d'un homme).*

« Avant toute chose, il faut que Bérurier se dégorge le bigorneau afin de redevenir opérationnel. »

San-Antonio,
Baisse la pression, tu me les gonfles !, Fleuve Noir, 1988

SE GNAGNATER LE BIGORNEAU : *se masturber (en parlant d'une femme).*

« — Rien de fâcheux ? questionne Poupette qui, déjà, a mis un pied sur l'accoudoir de mon fauteuil et se gnagnate le bigorneau pour se créer un climat. »

San-Antonio,
Vol au-dessus d'un lit de cocu, Fleuve Noir, 1978

BIGOUDEN

SE FAIRE BESOGNER LA BIGOUDEN : *coïter (en parlant d'une femme).*

« Elle pourra plus que courir sur la jetée en agitant son mouchoir vers l'horizon, Camille, à l'image des petites Bretonnes d'antan prenant congé de leurs pêcheurs de morues avant d'aller se faire besogner la bigouden par le gardien de phare unijambiste. »

San-Antonio,
Les Vacances de Bérurier, Fleuve Noir, 1969

BIGOUDI

FAIRE DU BIGOUDI SUR LE SOISSONNET : *caresser le clitoris.*

« Elle se laissa licher les doudounes, amicloter le pétoulet (et voyez-vous ça, même la rosette), gragratouiller le chignonnet et ça y refila le narf dans le burlingue quand la fourchette de son joli mecton y fit du bigoudis *(sic)* sur son soissonnet qui faisait déjà robe de bal. »

P. Devaux,
Le Livre des darons sacrés, Éditions L'Humour des Temps, 1960

SE DISTRAIRE LE BIGOUDI : *coïter (en parlant d'un homme).*

« Avec sa gueule de raie c'est toujours pas au béguin qu'il va soulever de quoi se distraire le bigoudi. »

Gauckler & Houssin,
Franck le menteur, Albin Michel, 1988

BILBOQUET

JOUER AU BILBOQUET : *coïter.*

« Au reste, je vous recommande
Le triste et l'affligé Poquet ;
Jouez souvent au bilboquet
Et grossissez tous les jours votre bande. »

P. C. Blessebois,
Le Rut ou la pudeur éteinte, 1676

« Car le seul essai qu'il avait fait de jouer au bilboquet avec une femme comptait pour moins un. C'était avec une putain, pendant ses vacances, dans un petit bordel de Lyon. »

R. Trubert,
Succube, Gallimard, 1947

« La fille avec laquelle Mickey jouait au bilboquet s'appelait Henriette, une habituée d'un restaurant du XXe : La Palette. »

C. Lépidis,
Monsieur Jo, Le Pré-aux-Clercs, 1986

BILLARD

JOUER AU BILLARD : *coïter.*

« Ma grand'mèr' m'a fait voir son cul
Ah ! bon Dieu, bon Dieu qu'il était large
Mon grand-père joue au billard dessus
Ah ! bon Dieu, bon Dieu qu'il était large
Son cul. »

La Peau d'couille, chanson,
in *Anthologie hospitalière et latinesque,* 1911-1913

ALLER SUR LE BILLARD : *coïter (en parlant d'une femme).*

« Encore une qui y allait sur le billard, la salope ! »

R. Guérin,
L'Apprenti, Gallimard, 1946

BIQUE

ÊTRE BIQUE ET BOUC : *être homosexuel, passif et actif à la fois, ou bisexuel.*

« Mais les " homos " diront joliment de celui qui tire satisfaction des rapports actifs aussi bien que des passifs qu'il est " bique et bouc ". »

R. Beauvais,
Le Français kiskose, Fayard, 1975

BIS

RIVER LE BIS : *coïter (en parlant d'un homme).*

« La belle fille entre les bras,
Et river le bis à plaisance,
Dix fois la nuit. »

Farce de folle Bobance, 1545

« La limougère, c'est-à-dire la chambrière, venait au soir coucher avec mon compagnon et se vient mettre contre moi. Je fus tout étonné, comme n'ayant jamais rivé le bis, toutefois mon compagnon dormait. Je m'aventure à river selon mon pouvoir… »

Pechon de Ruby,
La Vie genereuse des Mercelots, Gueuz et Boesmiens, 1596

BISCUIT

TREMPER SON BISCUIT : *coïter (en parlant d'un homme).*

« ... Vous chiez le sang, que vous dites ?... Et puis après, il vous attend au tournant le gars, avec son paradis sur mesure, les congés payés à perpète, Eden roc, le bal de la préfecture (pas celle de police, celle de Quimper-Quilbignon), le Crillon, le grill-room du Ritz, le One two two à discrétion... mais voui, mais voui... plein la gueule pour pas un rond... de quoi tremper le biscuit en douce. »

M. Raphaël,
Ainsi soit-il, Éditions du Scorpion, 1947

« Il trempait son biscuit, et puis salut, il se barrait en douce. Seulement à Lydie, fallait pas lui demander de la comédie. Non, elle voyait jamais les anges, elle... »

J. Damien,
L'Amerloc, Éditions de Paris, 1951

« On peut dire que l'anarchiste il a des façons seigneuriales... il me fait signe... à moi l'honneur... de tremper mon biscuit le premier. Elle est troussée, elle se serre encore les cuisses pour retenir sa culotte... dans ces cas-là, on tire un peu et on l'écarte. Voilà, je m'enfonce... je n'ai plus qu'à limer comme il faut. »

A. Boudard,
Le Corbillard de Jules, La Table Ronde, 1979

BISTOQUET

SOLILOQUER DU BISTOQUET : *se masturber.*

« Le Général de Mirliflore soliloque du bistoquet (à s'en décrocher le paquet) devant les ninis qu'on déflore... »

R. Rabiniaux,
La Fin de Pédonzigue, Simoën, 1978

BONJOUR

DIRE BONJOUR : *coïter (en parlant d'un homme).*

« Et puis, aussi, malgré ma sale vacherie, j'ai gardé tout mon dardant pour Linette, et je crois bien que j'aimerais encore mieux aller dire bonjour à sa charogne, là-bas, à Pantin, que de donner l'aubade à une autre génisse qu'elle... »

N. Casanova,
Le Journal à Nénesse, Ollendorff, 1911

BORDÉE

LÂCHER SA BORDÉE : *éjaculer.*

« Sa main électrique, et d'une habileté consommée, a déjà conduit le Vicomte tout près du moment décisif. À son peu de roideur, elle l'en jugeait encore fort éloigné ; mais à peine touche-t-il le seuil du lieu brûlant où l'on veut l'introduire, qu'il lâche sa bordée, et la Comtesse n'a plus, dans la main, qu'une guenille. »

A. R. Andrea de Nerciat,
Le Diable au corps, 1803

« Elle glissa sa main encore une fois dans l'échancrure, extirpa ma pine et la plaça contre son con. C'était atroce. Et pour me rendre la chose encore plus atroce, une de ses petites amies qui s'était faufilée jusqu'à nous me saisit tout d'un coup impudemment la verge. Je ne pus me retenir, je lui lâchai ma bordée en pleine main. »

H. Miller,
Jours tranquilles à Clichy, E. Losfeld, 1967

LÂCHER UNE BORDÉE : *jouir (en parlant d'une femme).*

« Une bordée n'était pas plus tôt lâchée qu'elle rechargeait pour décharger encore avec plus de feu : elle me tint sur elle pendant une heure entière, avec des prières de ne pas m'ôter, des tremblements convulsifs, des étreintes à m'étouffer, des menaces même. »

Les Amours secrètes de M. Mayeux, 1832

BORDELAISE

FAIRE UNE BORDELAISE EN CENT CINQUANTE : *coïter (en parlant d'un homme).*

« (...) et une fois là, comme de juste, vous faites l'amour : vous détachez votre coupon, vous vous mélangez (...), ou bien encore, vous faites une bordelaise en cent cinquante... »

P. Devaux,
La Langue verte, Hazan, 1930

BORGNE

LOGER LE BORGNE : *coïter (en parlant d'un homme).*

« Et je verrai Olive, la plus belle,
Moult doucement je la saluerai.

Et tant ferai, s'elle n'est fort rebelle,
Que mon borgne logera en sa celle. »

M. Schwob,
Le Parnasse satyrique du xve siècle, Welter, 1905

FAIRE PLEURER LE BORGNE : *faire éjaculer.*

« Ces jeunes filles, représentatives des principales races de la planète, savaient tout et davantage sur le bigoudi farceur et la manière de faire pleurer le borgne. »

San-Antonio,
Poison d'Avril ou la vie sexuelle de Lili Pute, Fleuve Noir, 1985

ÉTRANGLER LE BORGNE : *se masturber.*

« J'aime pas recevoir des ordres
J'aime pas me lever tôt
J'aime pas étrangler le borgne
Plus souvent qu'il ne faut. »

Renaud,
Déserteur, chanson, 1983, in *Mistral gagnant* — Le Seuil, 1986

BOTTE

PROPOSER LA BOTTE : *offrir à une femme de coïter, ou faire des propositions homosexuelles à un homme.*

« Mâme Corniflot, v's rappelez-vous que je vous ai proposé l'botte, autrefois ? — Oui, qu'elle dit en riant, je m'en souviens, vieux satyre. À vot' âge, v's avez pas honte de v's en ressentir encore pour l'fesse ? »

M. Stéphane,
Sirènes de cambrouse et Margots des bois,
Éditions de la Nouvelle Revue Critique, 1931

« En attendant, il se fait éponger le soir dans sa cellule par un doux crétin à trogne de paysan, garçon de salle des hôpitaux qu'on a surpris, dans l'amphithéâtre, en train de se livrer à un curieux attentat à la pudeur des macchabées. Jojo n'a pas eu du mal à le mettre à la coule de ses nouvelles fonctions...

Dès le premier soir, il lui a proposé la botte. »

A. Boudard,
La Cerise, Plon, 1963

TIRER UNE BOTTE : *coïter (en parlant d'un homme).*

« T'étais nippée comme une cocotte,
On jactait : Est-elle frusquée !
Ça donne envie de tirer une botte,
C'est une marmite qui est rien tapée. »

À ma Joséphine, chanson,
in Rossignol, *Dictionnaire d'argot,* Ollendorff, 1901

BOTTINE

ÊTRE DE LA BOTTINE : *être lesbienne.*

« J'avais raison, s'agitait Bébert, elles sont de la bottine !...
Mais c'est pas la petite qui va au persil, c'est la grande !
Dévoyeuse comme y a pas !... »

M. Audiard,
Le P'tit cheval de retour, Julliard, 1975

BOUCHE

FAIRE UNE BOUCHE CHAUDE : *pratiquer la fellation.*

« S'il la veut à loilpé, Lulu, et pis qu'elle lui fasse une bouche chaude, alors c'est plus grisolle, comme de bien entendu. »

A. Boudard & L. Etienne,
La Méthode à Mimile, La Jeune Parque, 1970

BOUCHON

FAIRE SAUTER LE BOUCHON : *faire éjaculer.*

« Quoique le Chevalier ait fait passablement des siennes, il se sent déjà des velléités pour cette friponne de Célestine, dont il est voisin, et qui joue avec lui de la prunelle, à faire sauter le bouchon. »

A. R. Andrea de Nerciat,
Les Aphrodites, 1793

BOUDIN

LIER SON BOUDIN : *coïter (en parlant d'un homme).*

« Tu dois dire que tu as lié ton boudin avec cette diablesse de femme... et que tu voudrais prolonger ces noces. »

P. de Larivey,
Les Jaloux, 1579

BOUFFARDE

FAIRE UNE BOUFFARDE : *pratiquer la fellation.*

« Il se trouva naturellement une salope pour faire envoyer Toscano au quartier. J'entendis qu'on en parlait dans un groupe, je dis :

— Lui, au mitard, pourquoi ? Qu'est-ce qu'il a fait ?...

— Une bouffarde à son mec et y s'est fait cravater. »

J. Genet,

Miracle de la rose, 1943, in *Œuvres complètes*, Gallimard, 1951

BOULE

FAIRE BOULE DE GOMME : *lécher et sucer les bourses (notamment en complément à une fellation) ; pratiquer le cunnilinctus (4e citation).*

« Quand le vit est dégorgé jusqu'à son ultime gouttelette et qu'il a débandé sa tige, la pompeuse peut, si bon lui semble, se mettre en bouche tout le système qu'elle vient de dégonfler si expertement. (...) Cela s'appelle en langage galant : faire boule de gomme ou enfouir ses trésors ou encore manger sa fortune. »

A. S. Lagail,

Les Paradis charnels ou le divin bréviaire des amants, 1903

« Ils (les roustons) sont las de rester à la porte sans cesse,
Et de se contenter de trop rares caresses,
Car gouine peu souvent se montre assez cochonne
Pour, sans hésitation, faire “ boule de gomme ”. »

J. de l'Écu,

Le Vit, 1904, in *Anthologie hospitalière et latinesque*, 1911-1913

« C'est pour sa pomme
La pomme à mon p'tit homme
Que j'fais boule de gomme
À Sodome »

P. Devaux,

Le Livre des darons sacrés, Éditions L'Humour des Temps, 1960

« Ours bien léché, gourmande et soûle.
Ma langue ici peut l'attester
Qui fit à ton clitoris boule
De gomme à ne plus le compter. »

P. Verlaine,

Œuvres libres, 1868

FAIRE BOULE DE NEIGE : *idem; idem.*

« Que lui demanda-t-il pour un aussi énorme sacrifice ?
Le coup du chapeau du commissaire ?
De lui faire boule de neige ?
De lui effeuiller une rose ?
Comme le prince était un robuste, gourmand et gourmet,
il lui demanda tout, ce qu'elle s'empressa de faire... »

C. Virmaître,
Les Flagellants et les flagellés de Paris, C. Carrington, 1902

« Je t'embrasse, je t'aime, je t'adore, je te suce, je te baise, je t'encule, je te lèche, je te fais feuille de rose, boule de neige, tout tout tout absolument tout mon adorée, je te prends toute. »

G. Apollinaire,
Lettres à Lou, 1914-1916, Gallimard, 1970

BOULINGRIN

TITILLER LE BOULINGRIN : *caresser le sexe d'une femme.*

« T'as un sacré culot ! D'abord, t'es pas son frère, t'es son petit ami ! C'est pour ça qu'elle te garde dans ses jupes, pour lui titiller le boulingrin. Parce que t'es son lézard et elle ta gargouille ! »

J. Thompson,
1275 âmes, Gallimard, 1966

BOUM

FAIRE BOUM : *coïter.*

« Il n'ignorait certainement pas comment se pratique cette agréable chose que les petites ouvrières appellent : “ faire boum ” ».

J. K. Huysmans,
Les Sœurs Vatard, 1879

BOURETTE

FAIRE LA BOURETTE : *coïter.*

« Figurez-vous qu'à Rouen, où elle était placée, il y avait un client, un jeune homme de famille un peu dingo ; il montait avec n'importe quel lot et puis, une fois dans la chambre, au lieu de faire, comment dirais-je...

— La bourette... »

J. Galtier-Boissière,
La Bonne vie, Grasset, 1925

BOURRÉE

DANSER UNE BOURRÉE : *coïter (en parlant d'un homme).*

« Avoir quatre chaussons de laine
Et trois casaquins de futaine,
Cela se peut facilement ;
Mais de danser une bourrée
Sur une dame bien parée,
Cela ne se peut nullement. »

Le Cabinet satyrique, 1618

BOUT

SE LA METTRE SUR LE BOUT : *coïter (en parlant d'un homme).*

« Et sa grosse salope, elle décarrait pas du coin du feu. Si j'avais voulu, elle était pas dure, je me la serais mise sur le bout toute la journée. »

L. Aurousseau,
Une Vie de cheval, Belfond, 1977

EN JOUER DES DEUX BOUTS : *coïter et se faire sodomiser (en parlant d'une femme).*

« — Je ne demande pas si elle en joue des deux bouts ?
— De tous les endroits possibles.
— Potta ? culo ? bocca ?...
— Comme vous dites. »

A. R. Andrea de Nerciat,
Le Diable au corps, 1803

BOUTEILLE

BOUCHER LA BOUTEILLE : *coïter.*

« Pourtant il y en a beaucoup qui aiment à boucher leur bouteille. »

Tabarin,
Œuvres, 1622

BOULONNER LA BOUTEILLE À MIEL : *caresser les testicules.*

« Et toi, dis-je à Conette, boulonne-lui la bouteille à miel du bourdon d'amour. »

N. E. Restif de La Bretonne,
L'Anti-Justine, 1798

BOUTON

S'ASTIQUER LE BOUTON : *se masturber (en parlant d'une femme).*

« Mais célébrons Madame du Bouillon,
Qui, ne pouvant saisir sa bagatelle,
A, tout un jour, astiqué son bouton,
Sans reculer, dit-on, d'une semelle ! »

La Volonté ne fait pas le pouvoir, 1847,
in *Anthologie hospitalière et latinesque*, 1911-1913

TIRER LE BOUTON : *pratiquer le cunnilinctus (en parlant d'une lesbienne).*

« Je dis gratis, compagnon, passeque pas un homme del plaine ne pouvait se vanter de les li avoir écartées, et non pas même Batiss' (pour te dire), alors que par cont' elle tirait le bouton que c'était rage, à toutes les pisseuses qui voulaient ben goûter à ça. Même que c'était tout juste, nom de Dieu, s'elles faisaient pas 69 dans les petits pois, elle deux l'môme Ginette, une parigote genre môme Languille qui venait faire une quinzaine ou deux à l'saison... »

M. Stéphane,
Sirènes de cambrouse et Margots des bois,
Éditions de la Nouvelle Revue Critique, 1931

AVOIR LE BOUTON TAPAGEUR : *être sexuellement excitée.*

« Pendant la gemmation, ça les chatouille les vierges, ça les remue du clitoris, ça a le bouton tapageur, ça se sent entre deux coulées de soulagement un violent désir de pénétration, mais comme c'est vierge ça a l'instinct de la méfiance du petit fatal et ça boude à c'qu'y a de plus beau au monde et de plus pénétrant : l'amour ! »

R. Trubert,
Succube, Gallimard, 1947

BOYAU

SONDER LE BOYAU CULIER : *sodomiser.*

« Dirai-je qu'il est des hommes qui abusent de la religion pour loyoliser leurs femmes ; qui leur prouvent, lorsqu'elles n'ont pas d'enfants, qu'elles peuvent concevoir par l'anus, et qui, la thèse d'un louis à la main, avec l'approbation de la Sorbonne, forcent la pauvrette à souffrir qu'on lui sonde le boyau culier. »

N. E. Restif de La Bretonne,
Dom-Bougre aux États-Généraux ou Doléances du Portier des Chartreux, 1789

BRAGUETTE

JOUER DE LA BRAGUETTE : *coïter.*

« Tant je suis amoureux de vous, belle Clorette ;
C'est pourquoi, s'il vous plaît, jouons de la braguette. »

P. Troterel,
Les Corrivaux, 1612

BRAMBINETTE

NE PAS ÊTRE MANCHOT DE LA BRAMBINETTE : *ne pas manquer de virilité.*

« (...) toi qu'es mieux jeune, ça t'émoustillerait, pas vrai ? tu dois pas être manchot de la brambinette et les coquinardes te font bien de la charité retroussée, hein ?... »

J. P. Clébert,
La Vie sauvage, Denoël, 1953

BRANLE

DANSER LE BRANLE DE UN DEDANS ET DEUX DEHORS : *coïter.*

« Je crois que tu ne te ferais point prier de danser le branle de un dedans et deux dehors. »

O. de Turnèbe,
Les Contens, 1584

DANSER LE BRANLE GAI : *idem.*

« Et sans le dire à ma mère
Danserai le branle gai. »

Le Parnasse des muses, 1633

BRANLE-BAS

SECOUER LE BRANLE-BAS : *masturber (un homme).*

« Même le maire a son vice : se coucher la tête en bas, tandis que la choute Alice lui secoue le branle-bas, en criant : “ Premier service !... ” »

R. Rabiniaux,
L'Honneur de Pédonzigue, Corrêa, 1951

BRANLÉE

SE PASSER UNE BRANLÉE : *se masturber.*

« Pour perdre encore moins de chaleur, on restait couchés deux par deux... On se passait des branlées sévères... Moi, j'étais impitoyable, j'étais devenus comme enragé, surtout que je me défendais à coups d'imagination... »

L. F. Céline,
Mort à crédit, Denoël & Steele, 1936

BRANLETTE

SE TAPER UNE BRANLETTE : *se masturber.*

« Hé ! Hé ! Toutes ces poupées commencent à me titiller... Je sens que Popol se réveille... Si je me tapais une petite branlette dans la mer ? Ça doit être fun ! »

Tramber,
in *l'Écho des Savanes,* n° 75, 1989

FAIRE UNE BRANLETTE : *masturber (un homme).*

« On l'avait placé à côté de la demoiselle. En plein repas, sous la nappe, tout en mangeant d'une main, elle lui avait fait une branlette soignée. Sans autres préambules. »

R. Guérin,
L'Apprenti, Gallimard, 1946

BRANLOTTE

SE FAIRE UNE BRANLOTTE : *se masturber.*

« Mets-toi sur moi ventre à ventre... là... Attends, que je lève tout à fait ma robe, qui m'embarrasse. Voilà ma culotte au plus bas ; voilà ma chemise levée : puis-je mieux faire !... Colle-toi sur moi ; faisons-nous une bonne branlotte... »

A. J. Le Riche de La Popelinière,
Tableaux des mœurs du temps dans les différents âges de la vie, 1750

BRELINGUETTE

TOUILLER LA BRELINGUETTE : *caresser le clitoris.*

« Il lui touillait la brelinguette d'une vivace phalange. »

G. Le Gloupier,
Les Accidents de la mer, 1981

BREVET

FAIRE PASSER LE BREVET COLONIAL : *sodomiser, initier à la sodomie.*

« Les dissipés se mataient, cherchant des châsses lequel d'entre eux était l' pède qui voulait faire passer le brevet colonial à Juju. »

J. M. Keurbé & M. Thiégurel,
Les Évangiles en argot, Éditions S.V.P., 1989

BRIOCHE

METTRE UNE BRIOCHE AU CHAUD : *coïter (en parlant d'un homme).*

« Elle est mettable cette poule. Je lui mettrais bien une brioche au chaud. »

Le Nouvel Observateur, 4.12.1982

AVOIR UNE BRIOCHE AU FOUR : *être enceinte.*

« Je dois vous confier quelque chose (Ça y est, se dit Zek, Poely a une brioche au four). Je crois qu'elle va rester là-bas, à Baltimore. »

A. Schifres,
Les Yeux ronds, R. Laffont & J. J. Pauvert, 1988

CROQUER DE LA BRIOCHE INFERNALE : *être homosexuel.*

« " Qu'est-ce que je vous avais dit... hein ?... Que c'était qu'une pédale ! Un mec qui fait les pissotières, ça peut pas faire un bon soldat ! " Affirmation hasardeuse... Depuis la plus haute Antiquité, on trouve des guerriers héroïques et cependant croquant hardi de la brioche infernale ! C'est l'idée racornie qu'on puisse pas d'un même cœur se faire planter une bite dans le cul, certain soir, et le lendemain charger l'ennemi à la baïonnette ! »

A. Boudard,
Le Corbillard de Jules, La Table Ronde, 1979

BROSSE

SE FROTTER LA BROSSE À PIPI : *se masturber.*

« Ils se touchaient un peu… se frottaient discrètement la brosse à pipi… d'accord, c'est légitime… mais pas vraiment la grosse fête dégueulasse, tu vois ? jamais crapuleux. Je leur permettais pas de tirer leur crampette sur les tables. »

Monsieur Gontran, Julliard, 1968

PASSER À LA BROSSE : *coïter.*

« Les six madames passent à la brosse, vous n'en doutiez pas, j'espère ? »

San-Antonio,
Appelez-moi chérie ! Fleuve Noir, 1972

BULLETIN

DÉPOSER SON BULLETIN DANS L'URNE : *éjaculer dans la bouche.*

« Lui tient sa carte d'érecteur à la main et il s'apprêtait à déposer son bulletin dans l'urne lorsque miss Laurentine a fait une brutale irruption dans sa vie sexuelle. »

San-Antonio,
Béru et ces dames, Fleuve Noir, 1967

BURETTE

SE DÉCHARGER LES BURETTES : *forniquer (en parlant d'homosexuels).*

« Deux hommes costauds et souriants dont l'un, sans se faire de bile, sans faire de drame, prêtait à l'autre son cul.

“ On se marre bien. ”

Il s'y ajoutait le plaisir de couillonner les femelles. “ Si elles savaient qu'on se décharge les burettes entre copains, elles en feraient une gueule. ” »

J. Genet,
Querelle de Brest, 1947, in *Œuvres complètes,* Gallimard, 1953

BURNE

FAIRE SONNER SES BURNES AU CON : *coïter (en parlant d'un homme).*

« Quand un matin, un beau maquereau
À mon con fit sonner ses burnes
Et, pour gagner des monacos,
Fit de moi une gonzesse de turne. »

Ça vous fait tout de même quelque chose,
in *Anthologie hospitalière et latinesque,* 1911-1913

SE VIDER LES BURNES : *idem.*

« Avec les autres matelots, en mer, il avait dit qu'à Brest il irait se vider les burnes et cette nuit il ne songeait même pas qu'il aurait dû baiser la fille. »

J. Genet,
Querelle de Brest, 1947, in *Œuvres complètes,* Gallimard, 1953

BUTTE

AVOIR SA BUTTE : *être enceinte.*

« Naturellement, je présentais sœur Annie aussi innocente qu'une colombe et pure comme une vierge Marie, bien qu'elle commençât à avoir sa petite butte. »

H. France,
Chez les Indiens, in *Dictionnaire de la langue verte,*
Librairie du Progrès, 1907

GRIMPER SUR LA BUTTE : *coïter (en parlant d'un homme).*

« Et l'est vrai qu'elle était assez bonne femme, au fond, comme je l'éprouvai à l'usage ; et pourvu que j'y grimpe sus l' butte soir et matin (...), elle semblait se fiche pas mal du reste... »

M. Stéphane,
Ceux du trimard, Grasset, 1928

C

CABRIOLE

FAIRE LA CABRIOLE : *coïter.*

« Et n'allez pas toujours, d'emblée et de bricole,
Sur le revers d'un con faire la cabriole. »

L'Art priapique, 1864

« La petite madame Vigouroux faisait la cabriole du matin au soir dans son charbon. »

É. Zola,
L'Assommoir, 1877

CACHALOT

FAIRE LE CACHALOT : *pratiquer la fellation (en rendant le sperme par le nez).*

« M. Brizon, lui, a la monomanie photographique. Il collectionne les scènes savoureuses. Sa préférée a reçu de lui le titre : “ Faire le cachalot ”. Son esprit n'épargne même pas les cétacés. »

G. Bruyant & J. Duval,
Brizon, in *Démocratie Nouvelle,* 31.10.1919

CACHE

JOUER À CACHE-L'ÉPINGLETTE : *coïter.*

« Jamais des jardinets avaient décoré un castel de tant de plates-bandes parfumées, de jets d'eau chatouilleurs, de boulingrins coquinets pour planquer les jeux discrets de la manchicoine en cent cinquante, de grottes ciselées dans la mousse pour jouer à cache-l'épinglette... »

P. Devaux,
Les Dieux verts, Éditions de la Nouvelle Revue Critique, 1943

JOUER À CACHE-MITULA : *coïter (en parlant d'une femme).*

« Il faut peu de chose pour mettre en tête aux jaloux que leurs femmes jouent à cache-mitula. »

Satyre Ménippée, 1594

JOUER À CACHE-TA-BITE : *forniquer (en parlant d'un homosexuel).*

« On est dans un nuage épais, bleu... ça permet parfois des petites enfilades, suçoteries furtives, gourmandises imprévues lorsqu'il y a des tantouses dans le secteur. Ces petites folles, toutes les occases leur sont bonnes de jouer à cache-ta-bite dans la cabane à mon nœud ! »

A. Boudard,
La Cerise, Plon, 1963

JOUER À CACHE-TAMPON : *coïter.*

« Le gars en question, il a dû dire à la truie : “ Tu veux qu'on joue à cache-tampon, ma mignonne ? ” »

J. Thompson,
1275 âmes, Gallimard, 1966

CACTUS

FAIRE FLEURIR LE CACTUS : *mettre le clitoris en état de turgescence.*

« L' “ érection ” du clitoris le fait émerger hors du buisson pileux, elle fait prosaïquement “ mettre le haricot à la fenêtre ”, plus joliment “ fleurir le cactus ”. »

G. Zwang,
Le Sexe de la femme, La Jeune Parque, 1967

CAFÉ

S'OFFRIR ou PRENDRE LE CAFÉ DU PAUVRE : *coïter (en général après le repas).*

« Il lui en naissait un vague regret du sang-façon de Petit-Louis le cycliste, du culot qu'il avait celui-là de venir, après la cantine, s'offrir avec elle le café du pauvre dans la cabine du standard ! »

A. Simonin,
Du Mouron pour les petits oiseaux, Gallimard, 1960

« La boniche, ça j'dis pas, je prendrais bien le café du pauvre avec elle ! »

A. Boudard & L. Étienne,
La Méthode à Mimile, La Jeune Parque, 1970

ALLER PRENDRE SON CAFÉ AUX DEUX COLONNES : *pratiquer le cunnilinctus.*

« Au bout d'un instant, dit-il, je sentis une odeur forte et une saveur âcre sur la langue ; je voulus me retirer, mais elle serra les cuisses, me menaçant de m'étouffer, si je ne voulais pas continuer. La marchande de vin le laissa ensuite pratiquer le coït ; mais chaque fois que la scène se renouvelait, il devait auparavant " aller prendre son café aux deux colonnes ". »

E. Laurent,
Les Habitués des prisons de Paris, 1890

CAILLE

JOUER AUX CAILLES : *coïter.*

« Jouer au jeu qu'aux cailles on appelle,
Aux filles est chose plaisante et belle. »

Béroalde de Verville,
Le Moyen de parvenir, 1612

CALICE

BOIRE (DANS) LE CALICE : *pratiquer le cunnilinctus.*

« J'obéis à sa prière
Et ma langue, coutumière,
S'y prit de telle manière
Que je dus y revenir
Consommant le sacrifice
Je rebus dans le calice
Mais voilà, pendant le service,
La belle s'mit à défaillir. »

Le Chandelier, chanson, in *Anthologie hospitalière et latinesque,* 1911-1913

« Après une pause salutaire et verveuse, il fallut remettre ça. Elle avait pris goût aux aspirations. Je te lèche, tu me lèches. Elle s'accommoda. Moi itou. Je dus boire le calice jusque dans le lit. »

R. Trubert,
Succube, Gallimard, 1947

CALUMET

TAILLER UN CALUMET : *pratiquer la fellation.*

« Elle n'en sort que le samedi après-midi histoire de foncer dans un cinoche à crouilles de la Goutte d'Or pour tailler deux ou trois petits calumets à ces messieurs du Maghreb, manière de travailler son jeu de lèvres. »

San-Antonio,
J'ai essayé : on peut !, Fleuve Noir, 1973

CAME

BALANCER LA CAME : *éjaculer.*

« Toc ! Toc ! Si vite il avait balancé la came, qu'il avait voulu recommencer tout de suite. La gravosse, un clille pareil, c'était chibre béni pour sa chatte... les suppléments au petit cadeau pour les fantaisies coquines. »

A. Boudard,
L'Hôpital, La Table Ronde, 1972

ENVOYER LA CAME : *idem.*

« (...) le mac, juste quand il envoie la came, il met une main polie devant sa bouche, comme pour masquer un élégant ennui et il se racle discrètement la gorge avant de se retirer dignement... »

A. Dubrieu,
Le Désert de l'Iguane, Ramsay, 1979

CANARD

CALCER FAÇON CANARD : *coïter en levrette.*

« J'ai donc fait la seule chose susceptible de me valoir encore un peu de considération dans cette maison : jai pivoté la dame contre l'échelle, la tête en bas, lui maintenant la nuque d'une poigne ferme et je l'ai calcée façon canard. »

M. Audiard,
Le P'tit cheval de retour, Julliard, 1975

CANARI

TREMPER SON CANARI : *coïter (en parlant d'un homme).*

« Tout ça pour un malheureux coup de queue. Alors qu'il y en avait qui trempaient leur canari n'importe où, à tire-larigot, et qui n'attrapaient jamais rien. »

R. Guérin,
L'Apprenti, Gallimard, 1946

CANNE

CASSER UNE CANNE : *coïter (en parlant d'un homme).*

« Je m'y croyais... je voyais déjà le frangin dans son étui... que dalle ! Pas question de casser une canne. »

A. Vers,
Gentil n'a qu'un œil, Plasma, 1979

AVOIR LA CANNE : *être en érection.*

« Elle est en train de faire pénitence, poursuis-je, en louchant à m'en énucléer sur les seins merveilleux de la rosière, dressés comme pour assister à un défilé militaire (c'est moi qui fais le sergent-major, en l'occurrence, j'ai déjà la canne). »

San-Antonio,
Ça Mange pas de pain, Fleuve Noir, 1970

CAOUA

PRENDRE LE CAOUA : *coïter après le déjeuner.*

« On prend le caoua au premier ? j'ai proposé.

Son coup de chasse à Fabienne, ça valait un vote de confiance et à grosse majorité encore !... À mézigue, il restait plus qu'à appliquer mon programme ! »

A. Simonin,
Le Cave se rebiffe, Gallimard, 1954

CAPITAL

ENTAMER LE CAPITAL : *déflorer.*

« P'tit Pote voulut bécoter les babines bien dessinées de Renée, mais il s'arrêta à mi-chemin et se contenta de coquer une simple bise sur la pomme d'api droite de la jouvencelle, dont il n'avait pas eu le toupet " d'entamer le capital "... »

G. Sandry & J. Kolb,
P'tit Pote, La Couronne Littéraire, 1950

CARTON

FAIRE UN CARTON : *coïter (en parlant d'un homme) ; sodomiser (un homme, 3e citation).*

« Amène un peu ta barbaque (...) que je fasse un carton... »

J. Gravigny,
Montmartre en 1925, Éditions Montaigne, 1925

« On va sabrer sa gonzesse devant lui. Tu sais bien ?... Sa Mado que tu trouves si gironde ?... Ça sera le moment ou jamais de faire un carton avec ! »

A. Le Breton,
Du Rififi chez les femmes, Presses de la Cité, 1957

« Et le même homme dit un peu plus tard : " Ou bien, si qu'on est un pédé, tu baisses ton froc et le juge te fait un carton... " Mais cette expression était déjà de la gauloiserie... »

J. Genet,
Notre-Dame des Fleurs, 1942, in *Œuvres complètes,* Gallimard, 1951

SE TAPER UN CARTON : *coïter avec une femme (en parlant d'un bisexuel).*

« Et si l'un deux cède à l'impulsion qui a porté Adam vers Ève, on dira qu'il s'est " tapé un carton ". Car une femme, dans le langage de la " jaquette " ou de la " pédale " (mot galvaudé tombant en désuétude), est un " carton ". »

R. Beauvais,
Le Français kiskose, Fayard, 1975

CASE

RAMONER LA CASE TRÉSOR : *coïter (en parlant d'un homme).*

« La mamy radine de la chambre juste à temps pour nous prendre congé. C'est véridique que le Mammouth lui a sérieusement ramoné la case trésor : elle se déplace comme un compas en balade. »

San-Antonio,
Vol au-dessus d'un lit de cocu, Fleuve Noir, 1978

CASSE-NOISETTE

AVOIR LE CASSE-NOISETTE : *avoir la capacité de contracter aisément le vagin au cours du coït.*

« Son vit s'enfonça tout entier jusqu'aux couilles dans un con élastique qui, large d'abord, se resserra bientôt d'une façon étonnante.

Et cette petite fille qui semblait à peine nubile avait le casse-noisette. Mony s'en aperçut bien lorsque après les derniers soubresauts de volupté, il déchargea dans un vagin qui s'était follement resserré et qui tétait le vit jusqu'à la dernière goutte... »

G. Apollinaire,
Les Onze mille verges, 1907, L'Or du Temps, 1970

CASSEROLE

PASSER À LA CASSEROLE : *coïter sans ménagement (en parlant d'un homme), coïter avec soumission (en parlant d'une femme) ; se faire sodomiser (en parlant d'un homme, 3e citation).*

« J'ai essayé de l'apprendre plus tard : je me suis foutu dix-huit mois à la colle avec une Alsacienne. Mais j'ai pas pu y mordre. J'aimais mieux la passer à la casserole que de prendre des leçons. Pourquoi que je voulais apprendre l'allemand ? »

M. Fombeure,
Soldat, Gallimard, 1935

« Veux-tu essayer de piger quelque chose, toi, dans le cas de ces deux petites, vingt berges pièce à tout casser, qui à quelques jours d'intervalle se sont fait encloquer par le même gars, un jeunot qui essayait de les rouler dans le coin. L'une après l'autre elles sont passées à la casserole pour se retrouver un matin avec la devanture qui se gondole. »

R. Giraud,
Le Vin des rues, Denoël, 1955

« " Eh, le môme, disait un grand, tu veux y passer à la casserole ? " Il lui courait après, la bite à la main. " Laisse-le, il a pas douze ans ! " " C'est plus tendre, au contraire. " »

R. Guérin,
L'Apprenti, Gallimard, 1946

CASTOR

FOULER LE CASTOR : *coïter (en parlant d'un homme).*

« Le compagnon lui plut si fort
Qu'elle voulut en orner sa chapelle,
La galante n'avait pas tort ;

Le compagnon étant de taille énorme,
Foula comme il faut le castor. »

A. Piron,
Le Chapelier, in *Œuvres badines,* 1796

CAVE

FAIRE UNE DESCENTE À LA CAVE : *pratiquer le cunnilinctus.*

« Puis elle a obligé la môme, enfin matée, à lui faire une descente à la cave soignée. Un nettoyage à la menteuse fignolé jusque dans les détails. »

A. Bastiani,
Les Mauvais lieux des environs de Paris, Balland, 1970

CENT

MARCHER SUR CENT DIX ET DEUX CENT VINGT : *être bisexuel.*

« Le fait est que Duffy, comme l'avait supposé McKechnie, marchait sur 110 et 220 ; il n'avait pas besoin de transformateur. Il avait eu une période très pédaleuse à dix-huit ans, puis il s'était beaucoup calmé en entrant dans la police et depuis il avait distribué également ses faveurs aux deux sexes. Ses collègues le voyaient courir suffisamment les filles pour ne pas le soupçonner ; il gardait l'autre moitié de ses goûts plus ou moins secrète. »

D. Kavanagh,
La Nuit est sale, Gallimard, 1981

CERCLE

ÉLARGIR LE CERCLE DE SES RELATIONS : *s'adonner à la sodomie (en parlant d'un homosexuel).*

« On lui (Oscar Wilde) souhaite d'élargir du mieux qu'il pourra le cercle de ses relations. »

Le Journal, 11-2-1897

« Ici, vous serez assuré de boire entre gens de bonne compagnie. Avocats, médecins et dentistes s'y côtoient allègrement. Vous y élargirez le cercle de vos relations et nul doute que vous y rencontriez l'âme-frère. »

A. Bastiani,
Les Mauvais lieux de Paris, Balland, 1968

CERVELLE

(SE) FAIRE SAUTER LA CERVELLE : *se masturber; éjaculer.*

« Quand de la chair le fougueux aiguillon,
Se révoltant, veut forcer sa prison,
— Que faites-vous ? demandait certain frère
À son prieur. (...)
(...) Moi, dit un jouvenceau,
(...) Je vais au but, et pour toute raison,
Au malin corps fais sauter la cervelle. »

A. Piron,
Remède contre la tentation, in *Œuvres badines,* 1796

« J'étais bien fou de rechercher dans les bandages
Quelqu' accessoir' pour vous donner plus d'avantages ;
De me fout' sur la queue un tas de machins doux ;
De m'fair' sauter la cervell' dans du caoutchouc. »

Le Doigt dans l'cul, chanson,
in *Anthologie hospitalière et latinesque,* 1911-1913

FAIRE SAUTER LA CERVELLE DE CHARLES LE CHAUVE : *se masturber.*

« La plupart du temps, il n'est paradisiaque, dans nos soirées solitaires, que de faire sauter la cervelle de Charles le Chauve. À moins que le compagnon d'une nuit ne soit pédalo éprouvé. »

J. P. Clébert,
La Vie sauvage, Denoël, 1953

CHAGATTE

RÉGALER LA CHAGATTE : *coïter (en parlant d'un homme).*

« Viens, chérie, faire un tour de ce côté des grilles ! Tu verras, mes potes et mézigue, on te régalera la chagatte ! »

R. Biard,
Maffia en taule, La Table Ronde, 1969

DÉVORER LA CHAGATTE : *pratiquer le cunnilinctus.*

« En plus de ses fonctions de gardien, Galfano, on se disait entre copains, qu'il devait lui dévorer un peu la chagatte à la grosse. »

A. Boudard,
Les Combattants du petit bonheur, La Table Ronde, 1977

CHANDELLE

ALLUMER LA CHANDELLE : *mettre en érection.*

« Il prend son chose, et puis, s'approchant d'elle,
Vieille dit-il, allumez ma chandelle. »

C. Marot,
D'un moine et d'une vieille, in *Œuvres,* 1544

ÉTEINDRE SA CHANDELLE : *coïter (en parlant d'un homme).*

« (...) voici maître curé qui vient pour allumer sa chandelle, ou pour mieux dire pour l'éteindre. »

Les Cent nouvelles nouvelles, 1462

MOUCHER LA CHANDELLE : *pratiquer le coït interrompu.*

« À la vérité, il est rare que les frères, surtout quand ils sont abbés, déchargent dedans : ils jurent de moucher la chandelle, et ils le font. »

N. E. Restif de La Bretonne,
Dom-Bougre aux États-Généraux
ou Doléances du Portier des Chartreux, 1789

CHAPEAU

FAIRE LE CHAPEAU DU COMMISSAIRE : *faire jouir un homme en pratiquant une fellation tout en lui caressant les testicules.*

« — (...) Tu me f'ras l'chapeau-du-commissaire ?
— Puisque je t'ai dit que je te ferais tout !
Dieu, le beau membre ! C'est à toi tout ça, mon chéri ?... »

Lemercier de Neuville,
Les Jeux de l'amour et du bazar,
in *le Théâtre érotique de la rue de la Santé,* 1864-1866

« En même temps elle peut faire
Aussi chapeau du commissaire.
Ce doux jeu qu'inventa l'amour
Est aussi simple que bonjour !
Tant que sa petite menotte
Avec adresse vous pelote,
Sa bouche vous suce le dard
Pour en obtenir le nectar... »

Marc-Constantin,
in A. Delvau, *Dictionnaire érotique moderne,* 1864

CHAPITEAU

MONTER LE CHAPITEAU : *être en érection; coïter (en parlant d'un homme).*

« En cette fin d'année, comme la bonne Madame Labé ne s'est pas trop penchée par la portière, comme le bon Monsieur Labé n'a pas trop monté le chapiteau (...) — du moins pas davantage que les années précédentes — le couple " fait " le Kenya pendant huit jours. »

R. Fallet,
L'Angevine, Denoël, 1982

SE PAYER UN CHAPITEAU : *avoir une forte érection en étant au lit.*

« Le chapiteau qu'il se paye le cochon ! »

Tramber,
Embrouille au Pypoland, Les Humanoïdes Associés, 1984

CHARANÇON

AVOIR DES CHARANÇONS DANS LES VALSEUSES : *être atteint de blennorragie.*

« Ah ! Lolotte, heureusement ce n'était qu'une fausse nouvelle : je craignais tant que l'on vous dévisse les échalottes ! Je me sentais responsable car jadis j'avais possédé quelques charançons dans les valseuses ! »

Les Lettres à la promise, 1905,
in J. Lacassagne & P. Devaux, *L'Argot du « milieu »,*
Albin Michel, 1948

« Leur Henri II de père devait avoir des charançons dans les valseuses, probable. »

San-Antonio,
L'Histoire de France, Fleuve Noir, 1964

CHARRUE

METTRE LA CHARRUE DANS LE SILLON : *coïter (en parlant d'un homme).*

« Ah ! Ah ! Je vois que je ne suis pas le premier à mettre la charrue dans votre sillon. Allez, bougez vos fesses. »

Dirty Comics 1, Éditions Transit, 1978

CHÂSSIS

POCHER LE CHÂSSIS : *déflorer.*

« Deux minutes plus tard, hélas ! c'était fini,
Et de cette vartu y pochions le châssi. »

La châste Suzanne,
in Nizier du Puitspelu, *Le Littré de la Grand' Côte,* Lyon, 1903

CHAT

LAISSER VENIR ou ALLER LE CHAT AU FROMAGE : *se laisser déflorer, accorder ses faveurs.*

« Mon Dieu, si tu m'acquiers ores la liberté,
Je te voue à jamais pure virginité ;
Ne laissant point venir le chat au fromage,
Que sous le sauf-conduit d'un loyal mariage. »

C. d'Esternod,
L'Espadon satyrique, 1619

« Il ne se faut point étonner, réplique la relevée, si cette fille a laissé aller le chat au fromage de la sorte, car elle a déjà de l'âge... »

Les Caquets de l'accouchée, 1622

MANGER LE CHAT : *pratiquer le cunnilinctus.*

« Marcelle, qui devenait de plus en plus charmante, était la gousse favorite de l'Anglaise.

Celle-ci ne se lassait pas de manger le chat et le cul de son élève. »

P. du Bourdel,
Mademoiselle de Mustelle et ses amies, J. Fort, 1911

CHATON

LAISSER MIAULER SON CHATON : *éprouver l'orgasme (en parlant d'une femme).*

« Et le lendemain soir, quand Loth, qui s'était envoyé plusieurs kiles de Romanée-Conti dans le saladier, fut plumé, complètement gelé, la jolie petite Bagah, en bonne fifille, alla retrouver son papa et, guidée par la mimine de Rhuta, laissa miauler son chaton jusqu'à l'indiscrète aurore. »

P. Devaux,
Le Livre des darons sacrés, Éditions L'Humour des Temps, 1960

CHATTE

AVOIR LA CHATTE EN ÉRUPTION : *être sexuellement très excitée.*

« Si votre bonne étoile est avec vous, vous avez une chance de trouver une connasse à la traîne qui ait la chatte en éruption, ce qui vous assurera le lit en espérant mieux. »

L. Calaferte,
Septentrion, Cercle du Livre Précieux, 1963

BROUTER LA CHATTE : *pratiquer le cunnilinctus.*

« Dès qu'il est question d'une bergère, il se lève de sa chaise de cure... hop ! il a peur qu'on entrave mal.

Ça varie un peu... selon les positions... levrette... duc d'Aumale... bord du lit ! Il tire, s'agite la langue, nous broute des chattes imaginaires que vraiment on n'en a rien à foutre, que ça nous apprend pas grand-chose. »

A. Boudard,
L'Hôpital, La Table Ronde, 1972

SE FAIRE RAMONER LA CHATTE : *coïter (en parlant d'une femme).*

« Cette gonzesse, ça fait dix-huit piges qu'elle suce ses arpions et qu'elle se fait ramoner la chatte en levrette sans savoir qui la grimpe ! »

J. M. Keurbé & M. Thiégurel,
Les Évangiles en argot, Éditions S.V.P., 1989

CHAUSSETTE

METTRE LES CHAUSSETTES À LA FENÊTRE : *ne pas avoir eu d'orgasme, ne pas avoir été satisfaite par son partenaire.*

« (...) mais ce n'est pas tout de tirer sa crampette et de prendre son fade, il faut faire reluire convenablement la môme : il serait désastreux de la voir mettre ses chaussettes à la fenêtre ou, si vous voulez, qu'elle ait plus ressenti de déception qu'éprouvé de plaisir. »

P. Devaux,
La Langue verte et les Propos de l'affranchi, Hazan, 1936

« Le petit tramway de Shangai, le mouchoir à carreaux, branche de lilas dans les blés, le blaireau du commissaire, tout ça nous a amenés jusqu'à six heures.

Nana, elle a pas mis les chaussettes à la fenêtre ! »

A. Simonin,
Touchez pas au grisbi ! Gallimard, 1953

CHEMINÉE

RAMONER LA CHEMINÉE : *coïter (en parlant d'un homme).*

« Premièrement je revêtis les nus, je fis loger les aveugles, je contentai le gros Guillaume, je ramonai la cheminée de madame. »

Les Bignets du gros Guillaume, 1618

« Encore une refoulée. Son mec doit pas souvent lui ramoner la cheminée. »

J. Cordelier,
La Dérobade, Hachette, 1976

CHEMISE

SE METTRE LA CHEMISE EN VÉRANDA : *être homosexuel.*

« Les hommes attendent autre chose. On s'étonnera après qu'ils se mettent la chemise en véranda, mais il faut les comprendre. Quand la femme de vie n'a plus de conscience, c'est la jaquette qui a la loi. »

A. Bastiani,
Polka dans le champ de tir, Gallimard, 1955

CHEVILLE

FOURRER ou METTRE LA CHEVILLE DANS LE TROU : *coïter (en parlant d'un homme).*

« Vous ressemblez à mon rebec, vous autres femmes, voilà pourquoi votre présence m'ennuie plus qu'elle ne me délecte, (...), et n'y a pas moyen de vous mettre en bon accord, si l'on ne fourre des chevilles dedans vos trous. »

C. Sorel,
Histoire comique de Francion, 1623

« Je connais au moins dix façons de dire qu'on va faire l'amour.
— Dis voir.
— Ça t'amuserait ?

— Puisque je te dis de dire.
— Allez au cul. Faire un carton. Mélanger ses urines. Tirer une pétée. Mettre la cheville dans le trou. Bourrer. Bitter.
— Ça fait sept, dit-elle. »

R. Trubert,
Succube, Gallimard, 1947

CHIBRE

SE FAIRE TURLUTER LE CHIBRE : *se faire faire une fellation.*
« Il ne nous restait pas excessif de temps pour aller se faire turluter le chibre. »

A. Boudard,
Le Corbillard de Jules, La Table Ronde, 1979

SE POIGNARDER LE CHIBRE : *se masturber.*
« Je me poignarde de nuit le chibre sous la couvrante et la journée je n'y pense plus. Je me laisserais aller, certes, j'irais aussi à la course au schbeb. »

A. Boudard,
Le Banquet des léopards, La Table Ronde, 1980

CHIBRÉE

FILER UNE CHIBRÉE : *coïter (en parlant d'un homme).*
« T'avoueras que ça méritait un détour, hein, ma gosse ? T'as bien pigé la manœuv' au moinss ? Slave dit, faut pas non plus t'attend' à ce que ton casanova te file des chibrées pareilles.

San-Antonio,
Vol au-dessus d'un lit de cocu, Fleuve Noir, 1978

CHICHOURLE

SE BÉGALER LA CHICHOURLE : *coïter (en parlant d'un homme).*
« Si j'y vais, c'est pour me bégaler la chichourle, tu ne m'auras pas si c'est pour répéter sous les projecteurs. »

A. Paraz,
Une Fille du tonnerre, Martel, 1952

CHIGNONNET

GRAGRATOUILLER LE CHIGNONNET : *caresser le pubis d'une femme.*

« Elle se laissa licher les doudounes, amicloter le pétoulet (et voyez-vous ça, même la rosette), gragratouiller le chignonnet et ça y refila le narf dans le burlingue quand la fourchette de son joli mecton y fit du bigoudis *(sic)* sur son soissonnet qui faisait déjà robe de bal. »

P. Devaux,
Le Livre des darons sacrés,
Éditions L'Humour des Temps, 1960

CHINOIS

SE POLIR LE CHINOIS : *se masturber.*

« Du dieu Vulcain, quand l'épouse mignonne
Va boxonner loin de son vieux sournois,
Le noir époux, que l'amour aiguillonne,
Tranquillement se polit le chinois. »

Les Quatre âges du cœur ou le Plaisir des dieux,
in *Le Parnasse satyrique du XIXe siècle,* 1864

« Sa libido c'est pas nos oignes après tout. Que celui qui ne s'est jamais poli le chinois lui jette le premier crachoir ! »

A. Boudard,
L'Hôpital, La Table Ronde, 1972

SE BALANCER LE CHINOIS : *idem.*

« On vous a souvent pris, sournois,
À vous balancer les chinois ! »

Hébé,
Les Fœtus, 1889,
in *Anthologie hospitalière et latinesque,* 1911-1913

CHIPOLATA

TURLUTER LE CHIPOLATA : *pratiquer la fellation.*

« (...) et quand tu te laisses turluter le chipolata par une greluse, elle se croit dès lors autorisée à te traiter kif un copain de piscine, comme si tailler une pipe accordait des droits sur le bénéficiaire. »

San-Antonio,
La Pute enchantée, Fleuve Noir, 1982

CHIQUE

TIRER SA CHIQUE : *coïter (en parlant d'un homme).*

« Je vais tirer mon coup, ma crampe, ou bien ma chique,
Dit le futur Gerbier ; et l'homme marié
Baise, tout simplement, quand il peut, sa moitié. »

L. Protat,
Examen de Flora, 1846

« S'il est le moins élégant des bordels de Brest, (...), " Le Féria " est le plus illustre. C'est l'antre solennel, or et pourpre, où vont se soulager les coloniaux, les gars de la Marine marchande et de la fluviale, les dockers. Où les matelots viendraient " baiser " ou " niquer " les dockers et les autres disent : " On s'apporte pour tirer notre chique ". »

J. Genet,
Querelle de Brest, 1947,
in *Œuvres Complètes,* Gallimard, 1953

CRACHER SA CHIQUE : *éjaculer.*

« Je l'ai forcé à cracher sa chique. A jouir... Je le regarde affalé sur le lit, à bout de souffle. »

Actuel, février 1982

CHOSETTE

FAIRE LA CHOSETTE : *coïter.*

« Tout seul, je faisais la chosette
Avec elle dans sa couchette. »

P. de Ronsard,
Livret de folastries, 1553

« Pourtant que je suis jeunette,
Ami, n'en prenez émoi :
Je ferais mieux la chosette
Qu'une plus vieille que moi. »

B. des Periers,
Cymbalum mundi, 1537

CHOUETTE

REFILER DU CHOUETTE : *se faire sodomiser, être homosexuel passif.*

« Jamais tu dois laisser un mironton te balancer la cuillère au valseur ; si tu l'étends pas aussi sec d'un coup de boule, c'est que t'es une fiotte, un pédé, que tu refiles du chouette, que t'as l'oigne tout défoncé. »

A. Boudard & L. Etienne,
La Méthode à Mimile, La Jeune Parque, 1970

CHOUNETTE

AVOIR LA CHOUNETTE EN SINAPISME : *être sexuellement excitée.*

« Il lui en fallait pas plus, à la premenade *(sic)*, pour botter les gisquettes qu'on savait avoir la chounette en sinapisme, mais sa poire il baissait pudiquement les chasses vu qu'il gardait son gobe-mouches pour le jour de son antiflage, ainsi que tous les mignonnets bien éduqués. »

P. Devaux,
Le Livre des darons sacrés, Éditions L'Humour des temps, 1960

CHTOUILLE

RAMASSER UNE CHTOUILLE : *attraper une blennorragie.*

« Ils ne savaient pas que c'était la première fois qu'il baisait. Ils ne le sauraient jamais. Pas des choses à dire. Pourvu qu'il n'ait pas ramassé une chtouille ? Mais non, la fille était saine. C'était encore une chance. »

R. Guérin,
L'Apprenti, Gallimard, 1946

AVOIR LA CHTOUILLE : *avoir la syphilis.*

« Hé mec ! Monte pas avec elle, elle a la chtouille !
— L'écoutez pas ! je ne suis pas syphilitique, je suis nouvelle. »

J. Cordelier,
La Dérobade, Hachette, 1976

CIGARILLO

SE RÉGALER LE CIGARILLO : *coïter (en parlant d'un homme).*

« Un condé qui semble lui aussi s'être volatilisé, c'est le Bercot. Une bonne quinzaine qu'il s'est pas pointé pour se régaler le cigarillo ! »

A. Simonin,
Le Hotu s'affranchit, Gallimard, 1969

CINQ

METTRE CINQ CONTRE UN : *se masturber (en parlant d'un homme).*

« De penchants et de goûts quelle diversité !
De mettre cinq contre un l'un fait sa volupté ;
Un autre de Dom Bougre affiche les maximes ;
Tel dans le farfouillage a des plaisirs sublimes. »

L'Art priapique, 1864

(en parlant d'une femme) :

« Hiante (...) se disposait à mettre cinq contre un, à la manière des écoliers, lorsque Céladon, par jeu plutôt que par émotion, se rua sur elle à corps perdu et entra, sans effort et jusqu'au nombril, dans la caverne de son c... »

P. C. Blessebois,
Le Rut ou la pudeur éteinte, 1676

JOUER À CINQ CONTRE UN : *se masturber (en parlant d'un homme).*

« Nous avons maintenant du poil entre les jambes et nous savons qu'il y a quelque chose de mieux que de jouer au doigt mouillé on à cinq contre un. »

G. Apollinaire,
Les Exploits d'un jeune Don Juan, 1911, L'Or du Temps, 1970

CISEAU

FAIRE LES CISEAUX : *mettre simultanément le pouce dans le vagin et l'index dans l'anus d'une partenaire.*

« Va plus fort... Agite bien ta langue sur mon bouton... Le sens-tu grossir, mon clitoris ?... Dis... fais-moi les ciseaux... C'est ça... enfonce bien le pouce dans le con et l'index dans le cul. Ah ! c'est bon !... c'est bon !... »

G. Apollinaire,
*Les Onze mille verges,*1907, L'Or du Temps, 1970

CLARINETTE

JOUER DE LA CLARINETTE : *coïter (en parlant d'un homme).*

« Je te préviens, mon mignon, si tu continues à jouer de la clarinette avec Myra, ta cervelle va te sortir par le tuyau. »

J. Thompson,
1275 âmes, Gallimard, 1966

CLÉBARD

EMBROQUER À LA CLÉBARD : *coïter en levrette.*

« Ne faisant ni une ni deux, je me suis jeté sur elle pour l'embroquer à la clébard. Ce fut du grand art ! Elle se tenait accoudée à la table servie. »

San-Antonio,
Poison d'Avril ou la vie sexuelle de Lili Pute, Fleuve Noir, 1985

CLEF

METTRE LA CLEF DANS LA SERRURE : *coïter (en parlant d'un homme).*

« Cependant je languis, mon canon demeure chargé, n'ai-je pas occasion d'assez me contrister ? Comment pourrai-je être sain et gaillard ? Assurez-vous qu'il fâche bien fort d'avoir la clef et ne l'oser mettre en la serrure. »

Cholières,
Les Neuf matinées, 1585

CLOQUE

METTRE EN CLOQUE : *engrosser.*

« C'est les événements qui m'ont dispersée : mon premier maître, à Nantes, sitôt qu'il m'a eu mise en cloque, et comment qu'il m'a balancée ! »

J. Galtier-Boissière,
La Vie de garçon, Mornay, 1929

ÊTRE EN CLOQUE : *être enceinte.*

« — C'est cassé avec Ginette.

— À prévoir. Trois mois à la colle, Jo n'avait jamais tenu si longtemps.

— Et il a des emmerdements : elle est en cloque.

— Non ? Qu'est-ce qu'il écope, le copain, depuis quelque temps. »

R. Fallet,
Banlieue Sud-Est, Domat, 1947

CLOU

FAIRE RIVER SON CLOU : *coïter (en parlant d'une femme).*

« La petite savetière
Qui demeure en ce quartier,
Va faire river son clou
Tous les dimanches à Saint-Cloud. »

L'Eslite des chansons les plus belles du temps present, 1631

ÊTRE TOMBÉE SUR UN CLOU ROUILLÉ : *être enceinte.*

« N'empêche que de temps à autre, y en a une qui se met à enfler. — Elle a tombé sur un clou qu'était rouillé qu'ils disent les gars. »

J. Damien,
L'Amerloc, Éditions de Paris, 1951

COLIBRI

FRICTIONNER LE COLIBRI : *masturber (un homme).*

« (...) ils s'allongèrent sur des plumards en lotus et se tapèrent des grandes chopottes de brouille-ménage pendant que des esclaves gironds et girondes, mignonnets et mignonnettes leur frictionnaient le colibri pour les détendre un chouïa et leur faire apprécier les coutumes du bled. »

P. Devaux,
Le Livre des darons sacrés, Éditions L'Humour des Temps, 1960

COLIQUE

AVOIR LA COLIQUE SPERMATIQUE : *avoir une érection non satisfaite et en souffrir.*

« Ô fille adorée ! Je suis un dieu et non pas un homme... Mais tu m'as fait trop bander ! Ta précieuse faveur... ou... j'aurai une colique spermatique épouvantable. »

N. E. Restif de La Bretonne,
L'Anti-Justine, 1798

SE FARCIR LA COLIQUE BÂTONNEUSE : *idem.*

« Remarque que si tu restes longtemps sans baiser et que t'en as vachement envie, tu peux te farcir les coliques bâtonneuses, c'est pas bon non plus, ça veut dire que tu peux plus débander, et t'as les couilles qui te font mal, mais mal ! »

F. Cavanna,
Les Ritals, Belfond, 1978

COLONNE

SE POLIR LA COLONNE : *se masturber.*

« Cachez-vous, Dieu l'ordonne !
Vos fils banderont
Et se poliront
Assez tôt la colonne ! »

N. Brazier,
Monsieur et Madame Denis, chanson, avant 1838,
in *Anthologie hospitalière et latinesque,* 1911-1913

SE TAPER SUR LA COLONNE : *idem.*

« Les plaisirs de l'amour ! Tu repasseras. Plutôt se taper sur la colonne jusqu'à la fin de ses jours ! »

R. Guérin,
L'Apprenti, Gallimard, 1946

S'ASTIQUER LA COLONNE : *idem.*

« Tout de même il est radieux de ses trois journées parisiennes, il s'est ramené en souvenirs de quoi s'astiquer la colonne cinq ou six mois. »

A. Boudard,
L'Hôpital, La Table Ronde, 1972

COLONNETTE

MOULER DES COLONNETTES : *se faire sodomiser (en parlant d'un homosexuel).*

« Peut-être que ça lui rapportait aussi de polir les Chinois ! Ou de mouler des colonnettes... À chacun son turbin et il en faut pour tous les goûts ! »

G. Pierquin,
La Polka des ringards, Plon, 1979

COMPTEUR

SE METTRE LE COMPTEUR À ZÉRO : *coïter (en parlant d'un homme).*

« Les jeunots triquent vite et mal, dans la foulée. Ils ont une jolie frimousse, un œil mouillé qui attendrit les femelles (surtout les vieillissantes) mais ils se mettent le compteur à zéro en deux secondes, si bien que la “ spring partner ” n’a même pas besoin de se déloquer ; à peine le temps de se foutre à l’horizontale et le gamin reprend ses billes. »

San-Antonio,
Béru et ces dames, Fleuve Noir, 1967

CON

FAIRE LE CON COCU : *sodomiser.*

« Il déconne et s’adresse au cul,
Puis, zeste !... il fait le con cocu,
En bravant merde et foire. »

Le Parnasse satyrique du XIX*e siècle,* 1864

AVOIR LE CON QUI BÂILLE : *être sexuellement excitée.*

« Ma mèr’ j’ai l’con qui bâille
Ma fille, fous-y d’la paille
Ah, crénom de nom, quell’ drôl’ d’invention
Que d’aller s’fair’ foutr’ de la paill’ dans l’con
J’aim’rais mieux un bien gros vit
Qu’tout’ la paill’ du pays. »

La Peau d’couille, chanson,
in *Anthologie hospitalière et latinesque,* 1911-1913

CONASSE

S’ASTIQUER LA CONASSE : *se masturber (en parlant d’une femme).*

« Un jour, la sœur Javotte
(...)
Se p’lotait les tétasses,
S’astiquait la conasse ;
Mais si bien qu’elle fasse,
Le foutre ne vint pas. »

Le Cordonnier Pamphile, chanson,
in *Anthologie hospitalière et latinesque,* 1911-1913

CONCOMBRE

ÉPLUCHER LE CONCOMBRE : *coïter.*

« L’amour ! se dit Blanford avec amertume. Étrange légume ! Quel concerto à quatre pattes ! Viens, chérie, on va éplucher le concombre ensemble ! »

L. Durrell,
Sebastian ou les passions souveraines (en français dans le texte), Gallimard, 1985

CONTRE-UT

JETER SON CONTRE-UT : *éprouver l'orgasme (en parlant d'une femme).*

« Elle jette son contre-ut lorsqu'une galopade effrénée dans les coursives la sort avec Patricia du réduit. »

A. Bastiani,
Le Grand embouteillage, J. Dullis, 1974

COPEAU

SE FAIRE ARRACHER UN COPEAU : *coïter (en parlant d'un homme).*

« Après ça, s'faire arracher un copeau. Pas au bordel sûrement, pour pas s'faire repérer, aux as comme on était. Non, chez une Kabyle, Fatma Djillali, qu'elle s'appelait. »

G. C. Silvagni,
La Peau des mercenaires, Gallimard, 1954

ARRACHER LE COPEAU : *coïter (en parlant d'une femme).*

« Question prouesse, c'est pas une frénétique, Marlène, mais elle t'arrache le copeau en souplesse. »

San-Antonio,
Appelez-moi chérie, Fleuve Noir, 1972

COQUETTE

METTRE COQUETTE AU CHAUD : *coïter (en parlant d'un homme).*

« Ça l'amène aussi à réaliser que, trop occupé à régler le coup de Johnny, voilà un bout de temps qu'il n'a pas mis coquette au chaud, et le convainc de l'urgence qu'il y a à pallier cette carence. »

A. Simonin,
Hotu soit qui mal y pense, Gallimard, 1971

RÉGALER COQUETTE : *idem.*

« Ayant rarement ciglé pour régaler coquette, sur le coup, vingt raides, ça lui a semblé grisole. »

A. Simonin,
L'Élégant, Gallimard, 1973

COQUILLETTE

SE DÉPOLLUER LA COQUILLETTE : *se masturber.*

« Et le petit mataf qui se dépollue la coquillette aussi vite que moi je tourne, embarqué par mon mouvement démentiel. »

San-Antonio,
Maman, les petits bateaux..., Fleuve Noir, 1975

CÔTELETTE

AVOIR UNE CÔTELETTE DANS LE TIROIR : *être enceinte.*

« Cette gonzesse a une côtelette dans le tiroir. »

J. Gravigny,
Montmartre en 1925, Éditions Montaigne, 1925

PISSER SA CÔTELETTE : *accoucher.*

« Si votre dame doit vous rendre prochainement papa : votre moukère est en cloque et elle va bientôt pisser sa côtelette. »

P. Devaux,
La Langue verte, Hazan, 1930

PONDRE SA CÔTELETTE : *idem.*

« " Mince, Batiss', visez l'gonzesse, si c'est pas t'honteux de danser dans c't'état-là ! Pas possib', elle veut s'avorter ! " (...) " De quoi que t'te mêles, hé, doublée de vache ? Si je ponds m'côtelette devant l'heure, c'est-y toi qu'en pâtiras ? " »

M. Stéphane,
Sirènes de cambrouse et Margots des bois,
Éditions de la Nouvelle Revue Critique, 1931

DÉGUSTER UNE CÔTELETTE À LA SAUCE BIROULIC : *coïter (en parlant d'un homme).*

« Parmi les gonzes qui auraient volontiers dégusté une côtelette de Suzanne à la sauce biroulic, y avait deux machins viocards, deux cochonnets au pélican à la demi-molle, deux vieux frotadous de boniches sans placarde… »

P. Devaux,
Le Livre des darons sacrés, Éditions L'Humour des Temps, 1960

COUCHE

FAIRE UNE FAUSSE COUCHE : *éjaculer en dormant.*

« … Je bandais, et si fort, sur ma couche étendue,
Que j'en fis une fausse… »

L. Protat, in A. Delvau,
Dictionnaire érotique moderne, 1864

COUCOUCHE

FAIRE COUCOUCHE : *coïter.*

« Tu veux bien, dis ? Quiens, j'mang' ta bouche…
Ah ! qui sont bath tes p'tits nichons !…
Allez, vit' môm', faisons coucouche,
Comme les bourgeois, soyons cochons. »

H. Chassin,
Machin de Belleville, Radot, 1927

COUENNE

FROTTER SA COUENNE : *coïter.*

« Quand tu voudras je frotterai ma couenne contre ton lard… »

A. de Montluc,
La Comédie des proverbes, 1633

« D'abord, ç'a été assez jojo comme chosette, vous vous frottiez la couenne comme s'il en pleuvait, et le pieu en avait sa claque…
Mais ça n'a pas duré bézef… »

N. Casanova,
Le Journal à Nénesse, Ollendorff, 1911

COUILLON

FOUTRE À COUILLONS RABATTUS : *coïter avec énergie et ardeur.*

« Et maintenant, gonzesse, que je t'ai foutue à couillons rabattus, comme tu n'es pas foutue d'être foutue jamais de ta garce de vie, j'ai l'honneur de te faire remarquer que tu t'es fourré le doigt dans l'œil jusqu'au coude !... »

Lemercier de Neuville,
Les Jeux de l'amour et du bazar, in
Le Théâtre érotique de la rue de la Santé, 1864-1866

COULOIR

EN PRENDRE PLEIN LE COULOIR À LENTILLES : *se faire sodomiser (en parlant d'un homosexuel).*

« Pour affranchir vos potes qu'un mecton est de la pédale qui craque, y a encore des tas d'autres combines. Si c'en est un qui fait la gonzesse, tu peux bonnir (...) qu'y se fait défoncer la pastèque, ou qu'il en prend plein le couloir à lentilles. »

A. Boudard & L. Étienne,
La Méthode à Mimile, La Jeune Parque, 1970

COUP

TIRER UN ou SON COUP : *coïter (en parlant d'un homme ou d'une femme).*

« Je vais tirer mon coup, ma crampe, ou bien ma chique,
Dit le futur Gerbier ; et l'homme marié
Baise, tout simplement, quand il peut, sa moitié. »

L. Protat,
Examen de Flora, 1846

« Il y a bien deux bouquetières très hardies, très provocantes et qui semblent toujours prêtes à tomber sur le dos ; mais, la première a tiré une fois un coup pendant lequel elle a attrapé une vérole qu'elle a encore, selon les uns, dont elle est guérie, selon les autres, mais qui la rend plus farouche au montoir qu'une mule écorchée. »

T. Gautier,
Lettre à la Présidente, Voyage d'Italie, 1850

DONNER UN COUP DE FESSE : *coïter (en parlant d'un homme).*

« Céladon était énervé,
Et voulait s'arracher des bras de sa maîtresse,
Mais quand il eut un peu rêvé,
Il trouva l'action tigresse,
Et rappelant de sa vivacité

La défaillance pécheresse,
Il lui donna le petit coup de fesse
Dont elle avait nécessité. »

P. C. Blessebois,
Le Rut ou la pudeur éteinte, 1676

TIRER SON COUP DE PISTOLET : *idem.*

« (...) je ne sais si, pour être plutôt libre, Madame Dorville n'aida pas à la victoire ; je me vengeais de son époux, peut-être voulait-elle aussi s'en venger ? Quelle est la femme qui n'ait pas sujet de mécontentement dans son ménage !

Semblable à un Pandour, j'attaque, je pille, je tire mon coup de pistolet, et je suis décampé. En une minute tout fut expédié... »

C. Godard d'Aucourt,
Thémidore, 1745

EN GLISSER UN COUP DANS LE CALCIF : *idem.*

« Elle avait des guibolles rudement bien dessinées. Mes aïeux ! S'il l'avait eue dans son lit, celle-là, il lui en aurait bien glissé un coup dans le calcif. »

R. Guérin,
L'Apprenti, Gallimard, 1946

FILER UN COUP DANS LE BLASON : *idem.*

« Nathalie de Vauvargue sa petite stagiaire me faisait patienter. Une noble cette délicieuse créature. Ce coup dans le blason que j'y filerais si je me trouvais ailleurs, libre et nu, et elle aussi ! Ses lèvres, sa chevelure blonde, ses yeux !... son parfum de quoi vous rendre dingue. »

A. Boudard,
La Cerise, Plon, 1963

FILER UN COUP DE SABRE : *idem.*

« Si t'aimes mieux, artiflot, c'est le moment d'y filer un coup de sabre, de la calecer, de la tringler, de tirer ton coup, de balancer la purée. »

A. Boudard & L. Étienne,
La Méthode à Mimile, La Jeune Parque, 1970

FILER UN COUP DE MOINEAU : *idem.*

« La seule chose que je n'arrivais vraiment pas à avaler, c'était Jésus-Christ, fils de Dieu. Je me disais : “ Par l'opération du Saint-Esprit, elle est bonne celle-là ! Il a bien fallu quelqu'un à la Sainte Vierge pour lui filer un coup de moineau quelque part ! ” »

F. Guillo,
Le P'tit Francis, R. Laffont, 1977

FILER UN COUP DE TRINGLE : *idem*

« Vraiment, v'voudriez pas m'filer un p'tit coup de tringle en camarade ? Juste pour dire ? J'ai un truc que tous les gars raffolent quand y s'hasardent ent' mes fesses : la moniche crispeuse, si vous comprenez bien le topo ? Une vraie poignée de main : ça aide et paraît que comme sensation ça apporte. »

San-Antonio,
Chérie, passe-moi tes microbes !, Fleuve Noir, 1977

FILER UN COUP DANS LA BAVETTE : *idem.*

« Il était commis livreur et il changeait tout le temps de patron. Ça lui varie les anecdotes, les partenaires. Il a fourré dans les légumes, calsé sur les roues de gruyère, les kilos de sucre, les sacs de riz... filé le petit coup dans la bavette au milieu des quartiers de bœuf... culbuté en pleine motte de beurre... Sa libido dans les victuailles. »

A. Boudard,
L'Hôpital, La Table Ronde, 1972

METTRE UN COUP DANS LA MARMITE : *idem.*

« (...) y a encore le Viking, un jeune mec salement balaise qui charrie une grognasse pas croyable, on l'appelle Sorcière, un remède contre l'amour...

— Là, c'est toi qui charries, objecta Vince, dans l'état où t'étais y a pas cinq minutes, sûr que t'y aurais mis un coup dans la marmite ! »

A. Dubrieu,
La Saison d'un rebelle, J. Goujon, 1980

SE FAIRE DONNER UN COUP DE PLUMEAU : *coïter (en parlant d'une femme).*

« — Maintenant, dit Victoire, elle se fait donner un coup de plumeau par le commis de son homme... Pas de danger qu'il y ait de la poussière ! »

E. Zola,
Pot-Bouille, 1882

SE FAIRE FILER UN COUP D'ARBALÈTE : *idem. (par extension, en parlant d'une femelle d'animal).*

« (..) le fait que Maloine rêve, même s'il mêle à ses pensées des images inféconde comme celle de l'emmerdeur du train et du coiffeur Passement et d'autres malsaines comme celle de la chienne de Perluche se faisant filer un coup d'arbalète par le chien bâtard du garagiste, est un indice, une certitude même, qu'il a quelque chose dans la tête... »

R. Trubert,
Succube, Gallimard, 1947

EN FOUTRE UN COUP DANS LES BAGUETTES : *sodomiser (en parlant d'un homosexuel).*

« Il me tournait en dérision quand il me disait : " Oh, mignon, je t'en fouterais un coup dans les baguettes ", il ne le pensait pas, il le disait en marle. Je compris alors ma laideur, mes cheveux ras, un peu de barbe à mes joues, car je croyais encore que la plupart des marles recherchaient en moi la femme. »

J. Genet,
Miracle de la rose, 1943, in *Œuvres complètes,* Gallimard, 1951

COUPON

DÉTACHER SON COUPON : *coïter (en parlant d'un homme).*

« (...) et une fois là, comme de juste, vous faites l'amour : vous détachez votre coupon, vous vous mélangez (...), et, au terme de cet exercice, vous aurez soin, tout en prenant votre pied de faire reluire convenablement la môme. »

P. Devaux,
La Langue verte, Hazan, 1930

COURS

FAIRE UN COURS DE PHYSIQUE EXPÉRIMENTALE : *coïter.*

« M. de Beaumarchais fait un cour de physique expérimentale avec la fille de la fameuse Deschamps. »

Chronique scandaleuse, 1791

COUVERT

METTRE LE COUVERT : *coïter.*

« Faut être juste, poursuit-il, une Danoise, peut-être qu'il avait pas envie de mettre le couvert avec elle. »

San-Antonio,
L'Histoire de France, Fleuve Noir, 1964

POSER UN COUVERT : *idem.*

« Moi j'ai passé une noye dans un palace avec trois nanas (...) ! J'ai posé au moins 10 couverts dans la nuit ! J'arrivais plus à fournir, quelle éclate ! »

Tramber,
Embrouille au Pypoland, Les Humanoïdes Associés, 1984

REMETTRE LE COUVERT : *recommencer à coïter.*

« Ida ne s'attardait pas sur le clille. Elle encaissait l'oseille, épongeait le branque et hop ! fonçait remettre le couvert avec un autre. »

A. Le Breton,
Du Rififi chez les hommes, Gallimard, 1953

CRABE

AVOIR DES CRABES DE CALECIF : *avoir des morpions.*

« Qu'est-ce qu'il a à se tortiller comaco du père-fouettard, il doit avoir des crabes de calecifs, pas possible ! »

P. Devaux,
Le Livre des darons sacrés, Éditions L'Humour des Temps, 1960

CRAC

MANGER LE CRAC : *pratiquer le cunnilinctus.*

« Moi la bonniche elle me revenait bien... Elle avait le cul presque carré tellement qu'il était fait en muscles. (...) On y avait jamais mangé le crac... Je lui ai tout montré... ce que je savais... Ce fut un coup magnétique ! »

L. F. Céline,
Mort à crédit, Denoël & Steele, 1936

CRAMOUILLE

RAMONER LA CRAMOUILLE : *coïter (en parlant d'un homme).*

« Tout ce que j'aurais pu lui proposer à ta place, c'est une taloche, ou de lui ramoner la cramouille, histoire de la soulager de sa nervosité... »

A. Dubrieu,
La Saison d'un rebelle, J. Goujon, 1980

BOUFFER LA CRAMOUILLE : *pratiquer le cunnilinctus.*

« Il se marre lousdoc le daron... juste, il m'a expliqué... elle lui laisse bouffer, de temps en temps lorsqu'ils sont seuls dans la boutique, sa cramouille, son greffier velu. »

A. Boudard,
Le Banquet des léopards, La Table Ronde, 1980

CRAMPE

TIRER SA CRAMPE : *coïter (en parlant d'un homme ou d'une femme, 3e citation).*

« Je vais tirer mon coup, ma crampe ou bien ma chique,
Dis le futur Gerbier ; et l'homme marié
Baise, tout simplement, quand il peut, sa moitié. »

L. Protat,
Examen de Flora, 1846

« Malgré la hâte que j'avais de tirer ma crampe, j'étais pas mécontent de cette attente, ça changeait de ces chèvres en chaleur qui ne savent que vous avancer leur conasse baveuse, en dégueulant leur plaisir en gloussements hystériques. »

M. Raphaël,
Ainsi soit-il, Éditions du Scorpion, 1947

« Même que si, au cours de nos transports en commun, qu'on appelle, je pouvais ben m'émanciper à li donner impunément du Léontine tout court, (...), rapport qu'elle pensait pus à y regarder de si près, naturlich, quand c'est qu'elle était occupée à tirer s'crampe dans les bras d'un beau mec. »

M. Stéphane,
Sirènes de cambrouse et Margots des bois,
Éditions de la Nouvelle Revue Critique, 1931

CRAMPÉE

FOUTRE UNE CRAMPÉE : *mettre en érection.*

« Je voyais plus que des bites, des culs, des bateaux, des voiles... Le linge sur les cordes à flotter ça me foutait des crampées terribles... Ça gonfle... Ça provoque... tous les pantalons des voisines... »

L. F. Céline,
Mort à crédit, Denoël & Steele, 1936

CRAMPETTE

TIRER SA ou UNE CRAMPETTE : *coïter (en parlant d'un homme).*

« Pour ça, tiens, il y en a, alors ceux-là ! ils envoient le môme au café pendant qu'ils tirent leur crampette... »

L. Aragon,
Les Beaux quartiers, Denoël, 1936

« Et quand ça les prend, se rouler sur le dos jusqu'à ce que le mâle en chaleur y aille de sa crampette.

Frère Paul, Frère Jacques, Frère Oremus, quand tu as tiré une bonne petite crampette, que fais-tu ? Je me lave le cul dans la cuvette, domini mini, domini mino. »

R. Guérin,
L'Apprenti, Gallimard, 1946

« Je décharge dans sa craquette
Je tire une première crampette
Je tire une deuxième crampette
J'sens le bon Dieu dans mes roupettes »

Frère la Guillaumette,
in *Bréviaire du carabin,* Éditions du Sapin d'Or, 1983

CRAYON

AVOIR SUCÉ LE CRAYON : *être enceinte.*

« La môme a trop sucé son crayon, elle est en cloque. »

Les Lettres à la promise, 1905, in J. Lacassagne & P. Devaux,
L'Argot du « milieu », Albin Michel, 1948

CRÈME

LÂCHER LA CRÈME : *éjaculer.*

« Pour finir y lui lâche la crème sur l'abdomen et la badigeonne jusque sur la pointe des tétons pour qu'elle garde l'odeur du nègre, pour qu'elle l'emporte dans son délire de camée au plus profond de l'enfer où elle tombe cul par-dessus tête. »

F. Lasaygues,
Vache noire, hannetons et autres insectes, Barrault, 1985

CRESSON

PLANTER LE CRESSON : *coïter.*

« Car s'elle était avec moi seulette,
Tu ne vis onc mieux planter le cresson
Pour le plaisir d'une jeune fillette. »

C. Marot,
Ballade IV, in *Œuvres,* 1544

BROUTER LE CRESSON : *pratiquer le cunnilinctus.*

« Ce délicieux jeune homme, vu son morlingue bien bourré et sa jolie gueule d'amour aurait pu se les rouler sur le sable, (...), ou, s'adonnant à la gourmandise, brouter le cresson des Propoetides qu'elles cultivaient avec tant d'amour pour border leur jardinet enchanteur. »

P. Devaux,
Les Dieux verts, Éditions de la Nouvelle Revue Critique, 1943

CUEILLIR LE CRESSON FONTAINE : *coïter (en parlant d'un homme).*

« Et v'là pourquoi que tel ou tel Babylonien qui s'était mis dans le cigare d'y cueillir le cresson fontaine il se rentrait la fourchette dans le chasse jusqu'au nombril et qu'il aurait mieux fait d'aller s'acheter une botte de mouron rouge chez les lapines des taules spécialisées. »

P. Devaux,
Le Livre des darons sacrés, Éditions L'Humour des Temps, 1960

CREVETTE

FILER SA CREVETTE ROSE : *coïter (en parlant d'un homme).*

« Va lui filer sa crevette rose dans pas longtemps, la manière qu'il lui enlace la taille et frémit des cils. »

San-Antonio,
La Vie privée de Walter Klozett, Fleuve Noir, 1975

RÉCHAUFFER LA CREVETTE DANS LA MOULE : *coïter.*

« Sois gentil, mon biquet, insiste Éléonore,
Puisque des voluptés tu ne sais rien encore,
Je vais pour embraser ta farouche vertu
T'étreindre, t'embrasser à bouche-que-veux-tu,
Et enfin, sur un lit de paille, à la sauvette,
Dans ma moule fleurie réchauffer ta crevette ! »

P. Zanzibar,
in *Fascination,* n° 23, 1984

CRIQUON

FAIRE CRIQUON-CRIQUETTE : *coïter.*

« Quoi ? ma Perrine, mon trognon,
Gautier Garguille ton mignon
Fera-t-il point criquon-criquette ?
Ça, foi d'homme, l'humeur m'en prend
Que du hansard de ma brayette
Je mette en deux ton os Bertrand. »

J. Auvray,
Le Banquet des muses, 1623

« Voilà. Mon homme voudrait bien que de temps en temps... souvent même... j'lui taille une plume ou que je lui fasse un spé, vous voyez ce que je veux dire. Moi, j'ai toujours refusé et je refuserai toujours parce qu'avec un mari et un curé par-dessus le marché, c'est pas moral ! Ça nous porterait poisse. On s'aime devant Dieu. On fait criquon-criquette sans le vice. Le bizenesse, c'est autre chose et pas pareil. »

J. L. Degaudenzi,
Putains de Dieu, in *l'Écho des Savanes,* n° 44, 1986

CROTTIN

REPOUSSER LE CROTTIN : *sodomiser.*

« Puis, comme le garçon
F'sait son apparition :
“ Tenez, dit la maqu'relle,
“Voici la demoiselle :
“ Donnez donc un talbin,
“ Vous lui r'pouss'rez le crottin ! ” »

La Chanson du prêtre,
in *Anthologie hospitalière et latinesque,* 1911-1913

CROUPION

SE FAIRE RAVAGER LE CROUPION : *coïter (en parlant d'une femme).*

« Ça se mélange dans ma tête. Une sorte de trouble compensé par un méchant plaisir presque physique... à penser que cette mignonne revient de la chasse aux chibres, de la cueillette aux asperges, qu'elle s'est fait ravager le croupion il n'y a pas une demi-heure et que moi, ce soir... tout juste ma pogne secourable ! »

A. Boudard & L. Fortier,
Je me suis fait la belle..., M. Lafon, 1988

CROÛTE

CASSER UNE CROÛTE DE CUL : *coïter.*

« Mais il paraît que les bains servent de maison de passe et qu'on y va casser une croûte de cul comme en France chez les restaurateurs. »

T. Gautier,
Lettre à la Présidente, Voyage d'Italie, 1850

CUISSE

TAPER DANS LES CUISSES : *coïter (en parlant d'un homme).*

« Et si Batiss' s'en tapa point sur les cuisses de rigolade, c'est que, justement, l'était fin prêt pour taper dans celles de s'folle maîtresse. »

M. Stéphane,
Sirènes de cambrouse et Margots des bois,
Éditions de la Nouvelle Revue Critique, 1931

CUISSOT

AVOIR LES CUISSOTS PRÈS DU BONNET : *être portée sur le sexe.*

« Un soir, ils s'amenèrent tous les deux dans un petit village de la Phrygie où les gisquettes avaient la réputation d'avoir les cuissots près du bonnet. “ Dis donc, (...), ça m'étonnerait si on ne mettait pas du lard en bouteille icidé ! ” »

P. Devaux,
Les Dieux verts, Éditions de la Nouvelle Revue Critique, 1943

CUL

ALLER AU CUL : *coïter (en parlant d'un homme).*

« Antoine d'ailleurs, il se dégonflait, il allait plus si fort au cul, il s'essoufflait pour des riens... »

L. F. Céline,
Mort à crédit, Denoël & Steele, 1936

SE FAIRE REMBOURRER LE CUL : *coïter (en parlant d'une femme).*

« Ah ! compagnon, pour une femme de tête, c'était une femme de tête, que l'Léontine, oui, et qu'avait le def, alors, pour faire des touches, l'sacrée fumelle ! Et s'elle aimait ben se faire rembourrer le cul, faut pas demander, c'était pas le cœur qui l'y portait, ben sûr, car l'en avait, je crois ben, autant qu'un caillou. »

M. Stéphane,
Sirènes de cambrouse et Margots des bois,
Éditions de la Nouvelle Revue Critique, 1931

TAPER LE CUL : *s'adonner à la sodomie.*

« Deux troncs, t'en as un qui est pas mal de mental, c'est Arrige, je l'ai connu à la C.C.A.S. Quand je faisais le cuistot, lui était au service auto, il n'a qu'un défaut, taper le " cul ", il en est obsédé. »

J. Taravo,
Les Derniers joyeux 1960-1963, La Jeune Parque, 1968

BOUFFER LE CUL : *pratiquer le cunnilinctus.*

« Je comprends qu'au comble de l'amour,
Cou-cou,
Une femme suce la pine à son homme,
Et qu'aussitôt, faisant d'mi tour,
Il lui bouffe le cul comme une pomme. »

Les Odeurs suaves,
in *Anthologie hospitalière et latinesque,* 1911-1913

CULBUTE

FAIRE LA CULBUTE : *coïter.*

« Afin que Suzanne pût retirer le seigneur Lactance du coffre où elle l'a couché, pour faire avec lui la culbute... »

P. de Larivey,
Les Escolliers, 1579

CURETTE

SE FROTTER LA CURETTE : *se masturber.*

« S'en donne à pleines burettes le moustachu colonel, mais la troupe reste nette et suçotte un calomel, en se frottant la curette sous la table en bois de nhel. »

R. Rabiniaux,
L'Honneur de Pédonzigue, Corrêa, 1951

CUTI

VIRER SA CUTI : *perdre sa virginité; devenir homosexuel.*

« — Elle était réellement pucelle ?

(...) — Elle l'était peut-être au départ de Do-Ré-Mi-Fa-Sol, dit-il, mais après le siège d'Orléans, faut envisager qu'elle avait viré sa cuti dans l'intervalle. »

San-Antonio,
L'Histoire de France, Fleuve Noir, 1964

« Dites, Mémère, l'interpelle-t-il, c'est pas parce qu'il va nous causer d'Henri III qu'il faut traiter le commissaire de reine. Parce qu'alors, lui, d'ici qu'il ait viré sa cuti de ce côté-là y aura du beaujolais qui défilera à la halle aux vins. »

Ibidem

CYCLOPE

GLOUGLOUTER LE CYCLOPE : *pratiquer la fellation.*

« Le taillage de plume est un Art essentiellement français. (...) La synonymie est extrêmement riche (...), nous ne citerons parmi les synonymes que les plus importants. (...) On dit aussi " glouglouter le poireau ou le cyclope " chez les coloniaux... »

F. Carabin,
Traité didactique de la Plume, 1915,
in G. Legman, *Oragénitalisme,* Truong, 1970

CYMBALE

JOUER DES CYMBALES : *coïter.*

« (...) en passant par aventure par-devant la chambre où sa femme avec le chevalier jouait des cymbales, il en ouit le son... »

Les Cent nouvelles nouvelles, 1462

D

DADA

MONTER À DADA : *coïter (en parlant d'un homme).*

« — Non ! Car, voyez-vous, ce mauvais prêtre-là,
C'est au boxon qu'il va
Pour monter à dada ! »

La Chanson du prêtre,
in *Anthologie hospitalière et latinesque,* 1911-1913

JOUER À DADA : *coïter.*

« Pendant ce bigntz, les autres copains ont continué de jouer à dada. La fille pourrait faire de la réclame parlée pour Banania car elle hurle qu'Y a bon ! »

San-Antonio,
Le Gala des emplumés, Fleuve Noir, 1963

DAG

EMMENER À DAG DAG SUR LA POINTE DES FESSES : *coïter.*

« Ah ! Des sacrées rombières, y a pas à dire, toutes les mêmes, compagnon, qu'elles aient vingt ans, ou qu'elles en aient cinquante. Dès l'instant que t'les emmènes à dag dag sus l'pointe des fesses, elles demandent pus ren au bon dieu, rapport qu'elles ont trouvé le paradis sus terre. »

M. Stéphane,
Ceux du trimard, Grasset, 1928

FAIRE DAG DAG : *idem.*

« Oui, qu'il réitère, pas pus tard que l'hiver darnier à ce que je me sis laissé dire, comme ils passaient devant l'Muette, le valet de chenil, qu'était justement à nettoyer ses niches, leur a crié soi-disant, s'ils voulaient point des fois cent sous pour aller faire dag dag à l'hosteau. »

M. Stéphane,
Sirènes de cambrouse et Margots des bois,
Éditions de la Nouvelle Revue Critique, 1931

DARD

POMPER LE DARD : *pratiquer la fellation.*

« L'Espagnol, amoureux, se fait pomper le dard ;
En aisselle, en tétons le Turc met son braquemart. »

L. Protat,
Examen de Flora, 1846

« Le petit garçon, à genoux devant Cornaboeux, lui pompait le dard en pleurant à chaudes larmes. »

G. Apollinaire,
Les Onze mille verges, 1907, L'Or du Temps, 1970

SE POLLUER LE DARD : *se masturber.*

« Notre cocher, sans vergogne et sans fard,
Sur ses coursiers laissait frotter les rênes
Et des deux mains se polluait le dard. »

Anonyme, in A. Delvau,
Dictionnaire érotique moderne, 1864

(S')ASTIQUER LE DARD : *(se) masturber.*

« Par ces cochons d'Postards
La Taupe est envahie ;
Ils s'astiquent le dard,
Font d'la pédérastie ! »

Les Postards, chanson,
in *Anthologie hospitalière et latinesque,* 1911-1913

« Pour quatorze sous, la main dans la poche,
Même sous l'œil du flic qui me r'garde en d'sous,

J'astique le dard du type qui m'raccroche,
La main dans la poche, pour quatorze sous. »

La Pierreuse consciencieuse, ibidem

DÉFONCEUSE

ÊTRE AMPUTÉ DE LA DÉFONCEUSE : *être impuissant.*

« Que c'était tout de même un sacré bandeur, cezig Stropia, plus qu'un bras, qu'une jambe, les éponges nazebroques, mais pas amputé pour autant de la défonceuse ! »

A. Boudard,
L'Hôpital, La Table Ronde, 1972

DÉJEUNER

PRENDRE SON DÉJEUNER : *pratiquer le cunnilinctus.*

« — Shhhhhhh — Mr Simpkins prend son déjeuner.

— Oh ! Tillie, c'est une... Oh ! pardon, je ne savais pas que nous étions vendredi. »

Dirty Comics 2, Éditions Transit, 1979

DENT

ARRACHER UNE DENT : *coïter (en parlant d'un homme).*

« Amène un peu ta barbaque (...) que je fasse un carton (...) que je t'arrache une dent. »

J. Gravigny,
Montmartre en 1925, Éditions Montaigne, 1925

SE CURER LES DENTS : *pratiquer la fellation.*

« On se plantait les dominos dans la carne, ji, mais pas en saboches : en moureux d'attaque !... Passe-moi le Val-de-Grâce que j'y lâche un fil, et voilà l'obélisque pour te curer les dents... Les voyageurs pour Zizi-les-Bruyères, en voiture ! »

N. Casanova,
Le Journal à Nénesse, Ollendorff, 1911

DESSERT

PRENDRE SON DESSERT : *coïter.*

« Oui ! c'est vrai, je ne t'ai pas prévenue : Foutre ! baiser ! piner ! faire pan-pan ! prendre son dessert ! c'est mettre le vit dans le con et donner de bons coups de reins précipités et nerveux pour le faire entrer et ressortir jusqu'à ce qu'on jouisse à l'unisson en déchargeant l'un et l'autre : l'homme son foutre et l'amante son mouille... »

A. S. Lagail,
Les Paradis charnels ou le divin bréviaire des amants, 1903

DILIGENCE

FAIRE LA DILIGENCE DE LYON : *coïter, la femme chevauchant l'homme allongé sur le dos.*

« — Je te ferai le grand jeu !
— Non.
— Feuille de rose !
— Non.
— Le tire-bouchon américain ?
— Connu... tu m'ennuies.
— Eh bien, tiens, tu me plais, viens, tu ne payeras pas et nous ferons la diligence de Lyon... »

Le Fantaisiste 1, 1873

« Si tu le veux, femme à l'œil fauve,
Je serai ton fauve lion,
Et je te ferai dans l'alcôve
La di-li-gen-ce de Lyon,
Trou-la-la-ou... »

P. Verlaine,
in *Album zutique,* 1871-1875, J. J. Pauvert, 1962

DOCHE

AVOIR SES DOCHES : *avoir ses règles.*

« Un jour, crac, elle m'annonce en chialant qu'elle avait plus ses doches. J'croyais qu'elle chambrait. Que dalle ! c'était sérieux. »

A. Vers,
Misère du matin, Éditions J.A.R., 1954

DOCTEUR

JOUER AU DOCTEUR : *coïter.*

« Dis, si on jouait au docteur.
Ok ! D'abord je te fais une pipe. »

Dirty Comics 2, Éditions Transit, 1979

DODO

FAIRE DODO : *coïter.*

« Parce que je voulais étudier ta réaction... Et aussi me livrer à une petite exploration de ta carrée pendant que tu dormais... C'est pour ça que j'ai été obligée de t'assurer que j'avais porté les yeux sur toi et qu'on a fini par faire dodo... Ce n'était d'ailleurs pas désagréable... »

M. E. Grancher,
Le Petit homme de jade, Éditions Rabelais, 1962

DODU

LABOURER LES DODUS : *sodomiser (un homme).*

« Au cent quatorze, le notaire Peau-de-Barbouze est éperdu sous le poids d'un fils de la terre qui lui laboure les dodus, le délivrant de tout mystère et de l'angoisse des Tordus. »

R. Rabiniaux,
L'Honneur de Pédonzigue, Corrêa, 1951

DOIGT

AVOIR LES DOIGTS DE PIED EN BOUQUET DE VIOLETTES : *jouir.*

« Sans compter qu'ça doit être une rude bandeuse. En trois coups de piston elle doit te filer les baloches à zéro.

— M'en cause pas. Rien que d'la regarder j'ai les doigts de pied en bouquet de violettes. »

A. Vers,
Misère du matin, Éditions J.A.R., 1954

« Voilà une jouvencelle qui franchit les Pyrénées pour faire dodo avec le roi de France.

Connaissant la réputation de ses aïeux, elle escomptait des délices rarissimes, la petite chérie. Toutes ses copines, avant le départ, lui disaient qu'elle avait de la chance et qu'elle allait avoir les doigts de pied en bouquet de violettes. »

San-Antonio,
L'Histoire de France, Fleuve Noir, 1964

SE CHAUFFER UN DOIGT : *se masturber (en parlant d'une femme).*

« (...) aussi je jouissais en la branlant et je n'étais pas pressé d'arriver à autre chose, ce qui pourtant serait venu sans l'arrivée d'une paysanne qui vint se poser assez près de nous, et qui, se doutant de nos intentions, resta je crois là pour nous faire endéver et en même temps nous imiter, car je la vis fourrer sa main dans les fentes des poches de son jupon et s'agita assez fort pour me faire penser qu'elle se chauffait un doigt, moins indiscret qu'elle. »

Les Amours secrètes de M. Mayeux, 1832

JOUER AU DOIGT MOUILLÉ : *idem.*

« Nous avons maintenant du poil entre les jambes et nous savons qu'il y a quelque chose de mieux que de jouer au doigt mouillé ou à cinq contre un. »

G. Apollinaire,
Les Exploits d'un jeune Don Juan, 1911, L'Or du Temps, 1970

(SE) FAIRE UN DOIGT DE COUR : *(se) masturber (en parlant d'une femme).*

« Dès qu'elle me jugea propre au doigt de cour, je le faisais ; on me le rendait, et de reste. »

A. R. Andrea de Nerciat,
Les Aphrodites, 1793

« La vieille concierge se pointe, alertée par le chahut. La partouze l'excite comme une folle et la brave Mâme Michu se fait un doigt de cour... »

San-Antonio,
Fais pas dans le porno... Fleuve Noir, 1986

DOIGTÉ

FAIRE UN DOIGTÉ : *introduire l'index dans l'anus.*

« L'expression " faire un doigté " signifiait se laisser, par un marle, d'abord caresser les fesses, puis enfoncer le doigt (l'index) dans le derrière. Ce geste était un geste galant. Chez nous, il remplaçait le baiser au coin de la bouche des filles légères. »

J. Genet,
Miracle de la rose, 1943, in *Œuvres Complètes,* Gallimard, 1951

DOS

ALLER SUR LE DOS : *coïter (en parlant d'une femme).*

« Mais en vérité vraie, elle allait sus le dos comme pas une, et s'y révélait tellement chaude et tellement vicieuse qu'on était quasiment forcé d'en avoir le tricotin — une fois l'camoufle éteinte. »

M. Stéphane,
Ceux du trimard, Grasset, 1928

DOSSIÈRE

REFILER DE LA DOSSIÈRE : *se faire sodomiser (en parlant d'un homosexuel ou d'une femme).*

« Je me sens vraiment le seul flibustier, le premier, le dernier, l'unique qui se soit fourvoyé dans le casingue. Autour c'est plutôt des frêles gabarits, snobinailles, chochottes, menus sophistiqués, mectons qui refilent tous plus ou moins de la dossière. »

A. Boudard,
La Métamorphose des cloportes, Plon, 1962

« Au 122... seules quelques femmes se faisaient sodomiser. Des spécialistes et qui demandaient, on s'en doute, un fort supplément. Pour ce genre de gâteries, certaines maisons annonçaient la couleur : " L'envers vaut l'endroit ", ce qui voulait dire que toutes les pensionnaires refilaient du petit... de la dossière, de l'escalier de service... les expressions d'usage. »

A. Boudard,
La Fermeture, R. Laffont, 1986

DOUCE

SE FOUTRE UNE DOUCE : *se masturber.*

« Par embêtement je me suis foutu hier une sale douce, avec ce même sentiment de misère qui m'y poussait au collège, quand j'étais en prison. La décharge est tombée sur mon pantalon, ça m'a fait rire, et j'ai été me laver et le laver. »

G. Flaubert,
Correspondance 1830-1851, Gallimard, 1973

SE COLLER UNE DOUCE : *idem.*

« ... J'ai beau tous les jours me coller une douce,
Dans mes rêves ton con m'agace et me poursuit. »

L. Protat in A. Delvau,
Dictionnaire érotique moderne, 1864

« Bien répondu ! tu connais bien la rousse !
On n'la laiss' pas
S'coller un' douce
Qui leur fatigue l'bras... »

Lemercier de Neuville,
Les Jeux de l'amour et du bazar,
in *Le Théâtre érotique de la rue de la Santé,* 1864-1866

SE FAIRE DONNER UNE DOUCE : *se faire masturber.*

« L'habitude du vieux paillard était d'aller chaque semaine, à la nuit, vers les terrains vagues qui avoisinent le pont de Grenelle, et de s'y faire donner une douce par quelques gosselines dressées à ce métier lucratif. »

Les Propos du Commandeur, in H. France,
Dictionnaire de la langue verte, Librairie du Progrès, 1907

DUC

RÉGALER À LA DUC D'AUMALE : *coïter, la femme enfourchant, le dos tourné, l'homme étendu sur le dos.*

« Y a maintenant deux plombes qu'ils sont à l'action, les deux luxurieux, et pour couronner ce premier entretien, Armand vient de la régaler à la Duc d'Aumale la délicate louchébème.

C'est la surprise jolie qu'il ménage aux connaisseuses lorsque la chance lui est donnée d'en rencontrer une. »

A. Simonin,
Du Mouron pour les petits oiseaux, Gallimard, 1960

DUO

JOUER SON PETIT DUO : *coïter (en parlant d'un homme).*

« Je suis sûr que ça me couperait la chique : moi, j'aime pas faire ça en public. Quand je joue mon petit duo avec une pépée, je fais pas ça au Vel' d'Hiv. »

A. Breffort,
Mon taxi et moi, Éditions de la Corne d'Or, 1951

E

ÉCHALOTE

DÉVISSER LES ÉCHALOTES : *retirer les ovaires.*

« Ah ! Lolotte, heureusement ce n'était qu'une fausse nouvelle : je craignais tant que l'on vous dévisse les échalottes ! *(sic)* »

Les Lettres à la promise, 1905, in J. Lacassagne & P. Devaux,
L'Argot du « milieu », Albin Michel, 1948

ÉCUREUIL

FLATTER L'ÉCUREUIL : *caresser le sexe d'une femme.*

« Dans un loinqué, des marins vidaient des rouilles et faisaient leurs adieux à des jolies limandes tout en leur flattant l'écureuil. »

P. Devaux,
Le Livre des darons sacrés, Éditions L'Humour des Temps, 1960

ÉGOÏNE

PASSER À L'ÉGOÏNE : *coïter (en parlant d'un homme).*

« Les nanas pas belles, dès qu'un rigolo les passe à l'égoïne, elles n'se sentent plus et lu racontent la bataille d'Mazagran en long et en large. »

San-Antonio,
Les Deux oreilles et la queue, Fleuve Noir, 1984

ÉLASTIQUE

SE TIRER SUR L'ÉLASTIQUE : *se masturber.*

« Un soir, j'étais péniblement en train d'essayer de trouver le sommeil en me tirant sur l'élastique quand j'entends soudain des gémissements, des plaintes. »

G. Depardieu,
Lettres volées, Lattès, 1988

ENCRE

N'AVOIR PLUS D'ENCRE AU CORNET : *avoir les testicules épuisés.*

« Je vois que les médecins et philosophes naturels, qui ont recherché les causes de la stérilité et incapacité à engendrer tant en l'homme qu'en la femme, entre autres ont remarqué que c'est ou parce qu'il n'y a plus d'encre au cornet et d'huile en la lampe vitale, ou que les outils sont recrus et rétifs... »

Cholières,
Les Neufs matinées, 1585

ENFANT

AVALER LES ENFANTS DES AUTRES : *pratiquer le cunnilinctus à une femme qui vient de coïter avec un autre homme.*

« Au lavabo, tout de suite ! je ne tiens pas à avaler les enfants des autres. »

J. le Vallois,
in A. Delvau, *Dictionnaire érotique moderne,* 1864

ENJOLIVEUR

PICORER LES ENJOLIVEURS : *exciter les seins avec la langue.*

« Ce jour-là, Gilda ne lui avait pas picoré ses enjoliveurs depuis cinq minutes que déjà elle dansait un sacré mambo. »

A. Bastiani,
La Croix des vaches, Éditions du Gerfaut, 1958

ENTRÉE

SE FAIRE FRACTURER L'ENTRÉE DE SERVICE : *se faire sodomiser (en parlant d'une femme).*

« Là, il avait rien pu mater... il avait juste entendu, collé l'oreille à la lourde. Mâme Margrave, il en était sûr, d'après les bruits, les petits cris, qu'elle se faisait fracturer l'entrée de service par son beau sous-officier, la garce ! »

A. Boudard,
L'Hôpital, La Table Ronde, 1972

ÉPINETTE

JOUER DE L'ÉPINETTE : *coïter (en parlant d'une femme).*

« Ah ! vous me la baillez belle
De me croire encor' d'moiselle.
Voilà cinquante ans et plus
Qu' j'apprends à jouer d' l'épinette. »

Vieille chanson, in H. France,
Dictionnaire de la langue verte, Librairie du Progrès, 1907

ÉPINGLE

FICHER ÉPINGLE AU CUL : *sodomiser.*

« Il n'est en cour laquais ni page,
Qui pour un demi-quart d'écu
Ne me fichât épingle au cul. »

Le Mazarin portant la botte, 1649

RAMASSER LES ÉPINGLES : *se faire sodomiser (en parlant d'un homosexuel).*

« Un jour ou l'autre le pointeur, pour se faire une idée, y s'en fait glisser une petite paire ; c'est son tour, ce coup-là, de ramasser les épingles. »

A. Boudard & L. Étienne,
La Méthode à Mimile, La Jeune Parque, 1970

ESCALIER

PRENDRE L'ESCALIER DE SERVICE : *sodomiser (une femme).*

« De temps en temps la chansonnette... Pas très souvent, juste ce qu'il fallait pour lui maintenir le romanesque. Y avait le page aussi bien sûr, l'emprise charnelle, il m'avait un peu rencardé... qu'elle détestait pas les coups, que ça la faisait reluire... qu'elle aimait aussi qu'il prenne l'escalier de service. »

A. Boudard,
La Cerise, Plon, 1963

ESCALOPE

ROULER UNE ESCALOPE : *donner un baiser, langue en bouche.*

« Elle me colle ses douces lèvres sur la bouche... que je lui roule une escalope, là devant ses amis, qu'ils sachent au moins de quoi il retourne. »

A. Boudard,
La Métamorphose des cloportes, Plon, 1962

ESCARGOT

DÉGORGER L'ESCARGOT : *coïter (en parlant d'un homme).*

« (...) Bisson s'étais mis en tête de m'emmener au bordel. Lui, il avait déjà fait l'amour avec sa patronne, une fermière dont le mari était prisonnier. Il savait que j'étais puceau et ça l'amusait de me faire, comme il disait, " dégorger l'escargot ". »

J. Lanzmann,
Le Têtard, R. Laffont, 1976

ÉTABLI

PASSER À L'ÉTABLI : *coïter (en parlant d'un homme).*

« Il l'avait passée à l'établi, or elle était pas douée, selon lui, pour la séance de vertige à secousses. Elle s'intéressait qu'à la musique et pendant qu'il lui fallait des trucs endiablés elle causait des grands compositeurs... »

San-Antonio,
Le Standinge selon Bérurier, Fleuve Noir, 1965

EXIGENCE

AVOIR DES EXIGENCES ORIENTALES : *être un adepte de la sodomie (en parlant d'un homme hétérosexuel).*

« Il cherche mais en vain une femme qui veuille terminer la soirée chez lui. Il entre au Dôme et son arrivée ne suscite chez les beautés locales qu'une indifférence soutenue. Elles l'ont toutes fait et aucune ne veut se dévouer, car, paraît-il, il a des " exigences orientales ". »

Simonin & Bazin,
Voilà taxi !, Gallimard, 1935

F

FAÇON

FAIRE UNE FAÇON : *coïter.*

« Un soir, elle vint à ma boutique, m'embrassa, me fit mille agaceries et finit par me dire qu'elle avait bien envie de faire une façon ; je lui dis que j'allais fermer la boutique et que nous ferions ça sur le comptoir. »

Les Amours secrètes de M. Mayeux, 1832

« Voyez-vous ce crotaillon-là !... Ça ne vous a pas plus tôt fait une façon que ça pense déjà à se barrer !... »

N. Casanova,
Le Journal à Nénesse, Ollendorff, 1911

FADE

PRENDRE SON FADE : *éprouver l'orgasme, jouir.*

« J'te prends comme régulière. J' vais drôlement t' régaler. Tiens, tu vas l' prendre ton fade, tu vas t'envoyer en l'air comme pas une. Tiens, j' vais t' faire reluire comme jamais. Tiens comme une bonne vache ! »

Simonin & Bazin,
Voilà taxi !, Gallimard, 1935

« Puis, comme prenant son fade, les quinquets fermés, elle frissonna. »

P. Devaux,
Jésus-la-Caille, traduit en langue verte,
Éditions de la Nouvelle Revue Critique, 1939

FAMILLE

ÊTRE DE LA FAMILLE DES BOULES DE SIAM : *être homosexuel.*

« De quoi ! De quoi ! vot' fils !... vous êtes donc aussi de la famille des boules de Siam ?... »

J. H. Tisserant,
Le Dernier jour d'un condamné,
in *Le Théâtre érotique de la rue de la Santé,* 1864-1866

ÉCRIRE À SA FAMILLE : se masturber (en parlant d'une femme).

« À la longue, quand même, Diane, toute seulabre dans ses 23 hectares fifti, commençait à se barber, et c'est pas une vie, surtout quand on est immortelle, que d'avoir, le long de la journaille, comme seule rigolade que d'écrire à sa famille. »

P. Devaux,
Les Dieux verts, Éditions de la Nouvelle Revue Critique, 1943

FANTAISIE

FAIRE UNE FANTAISIE : *pratiquer la fellation.*

« Le pire ce sont les travelos qui n'ont même pas l'honnêteté d'annoncer la couleur. Ils embarquent et embrouillent des clients qui seraient bien étonnés, après coup, d'apprendre que la beauté qui lui a fait une fantaisie dans sa voiture, ou n'a consenti qu'à y aller du “ petit ”, était un jules. »

A. Bastiani,
Les Nouveaux mauvais lieux de Paris, Balland, 1971

FAIRE DES FANTAISIES SUR LA TRINGLE : *idem.*

« Le taillage de plume est un Art essentiellement français. (...) La synonymie est extrêmement riche, et, (..), nous ne citerons parmi les synonymes que les plus importants. Les potaches, amateurs de sucre d'orge, emploient le terme très défectueux de “ sucer ” ; le bourgeois dit “ travailler ” ; (...) les rapins, “ faire des fantaisies sur la tringle ”. »

F. Carabin,
Traité didactique de la Plume, 1915,
in G. Legman, *Oragénitalisme,* Truong, 1970

FAUBOURG

AVOIR LE FAUBOURG MAGNÉTIQUE : *être excitante, avoir une belle croupe.*

« Bonne salope elle se penchait, déhanchait, elle houlait des noix, roulait le popotin... tournait brusque le prosinard sous un nez aux narines palpitantes... elle avait le faubourg magnétique. »

A. Boudard,
Les Combattants du petit bonheur, La Table Ronde, 1977

LA FOUTRE DANS LE FAUBOURG : *sodomiser.*

« Je t'encule, poulet recruteur de mes deux ! Je te la fous à sec dans le faubourg que tu dois pas du tout avoir à sens unique en face de tes petits chefs les jours où t'as pas fait ton chiffre de raclette ! Je t'en-cule ! »

J. L. Degaudenzi,
Zone, Fixot, 1987

FAUVE

EXCITER LES FAUVES : *caresser les seins.*

« Mathieu avait laissé pendre sa main et s'amusait à exciter les fauves à tour de rôle.

(...) À travers ses cils mi-baissés, il voyait les globes se gonfler, déborder du corsage, s'épanouir en gros plan. Il les sentait vivre et vibrer sous ses doigts, se faire agressifs, menaçants, puis soumis à sa loi, dociles sous ses caresses. »

A. Bastiani,
La Croix des vaches, Éditions du Gerfaut, 1958

FÉDÉRÉ

AVOIR UN FÉDÉRÉ DANS LA CASEMATE : *être enceinte.*

« Fédéré. Un substantif universalisé par la Commune. Telle était la force de la fédération qu'on disait d'une femme enceinte : " Elle a un fédéré dans la casemate. " »

A. Scholl,
in *Événement,* 17.10.1883

FESSE

SE FAIRE MOUILLER LA FESSE : *coïter (en parlant d'une femme).*

« Par un député ce mac
A fait repasser sa nièce,
Qui s'est fait mouiller la fesse
Pour un bureau de tabac. »

Dumoulin, in A. Delvau,
Dictionnaire érotique moderne, 1864

SE FAIRE SAVONNER LES FESSES : *idem.*

« Ah votre mère s'en fiche un peu en ce moment elle se fait savonner les fesses par Gaston, sans compter qu'elle ne doit pas s'embêter avec Gaston, en voilà un petit jeune homme que je m'enverrais bien ! »

P. du Bourdel,
Mademoiselle de Mustelle et ses amies, J. Fort, 1911

ALLER À LA FESSE : *coïter (en parlant d'un homme).*

« Mais comme elle avait chemise blanche dont un grand pan passait ent' ses cuisses écartées, cette vue m'excita soudain l'appétit et, comme dit le fabuliss', l' sauce fit passer le poisson, d'autant qu'il y avait déjà une sacrée paye que Batiss' était pas allé à l' fesse. »

M. Stéphane,
Ceux du trimard, Grasset, 1928

ÊTRE DE LA FESSE : *être portée sur le sexe.*

« Madame Vitruve et sa nièce elles sont de la fesse toutes les deux. »

L. F. Céline,
Mort à crédit, Denoël & Steele, 1936

FÊTE

FAIRE LA FÊTE : *coïter.*

« Ils entendirent faire la fête à la façon de la bête à deux dos. »

Les Caquets de l'accouchée, 1622.

SOUHAITER LA FÊTE À UN MORCEAU DE COCHON : *coïter (en parlant d'un homme).*

« Entre nouzailles, l'Os à moelle, c'était plutôt un bouis qu'une tôle à chand de vin... Il y avait une carrée à l'entresol, pour les pantes qui voulaient souhaiter la fête à un morceau de cochon... »

N. Casanova,
Le Journal à Nénesse, Ollendorff, 1911

FAIRE LA FÊTE AU GREFFIER : *idem.*

« Elle avait pas tellement le choix, faut dire, question homme pour se faire encore régaler à son âge avec sa patte folle. Depuis qu'Albert faisait la fête à son greffier, elle s'efforçait de réparer l'outrage des ans sur sa frime... »

A. Boudard,
Les Combattants du petit bonheur, La Table Ronde, 1977

SE PAYER UNE FÊTE À NŒUD-NŒUD : *coïter (en parlant d'une femme).*

« Je lui filai vivement un pan du couvre-lit sur la surface de réparation, tant tellement ça me faisait pitié ce pauvre cul fané qui venait de se payer une formidable fête à nœud-nœud pour la dernière fois de sa carrière. »

San-Antonio,
Dégustez, gourmandes !, Fleuve Noir, 1985

FEU

AVOIR LE FEU AU CUL : *manifester beaucoup d'ardeur sexuelle (en parlant d'un homme ou d'une femme).*

« Avoir le feu au cul et faire la rebelle... »

P. Motin,
in *Le Cabinet satyrique,* 1618

« Certes, c'est plus d'un coup par heure, et il avait donc le feu au cul. »

M. Millot,
L'Escole des filles ou la philosophie des dames, 1655

FEUILLE

VOIR LA ou LES FEUILLE(S) À L'ENVERS : *coïter dans la nature (en parlant d'une femme).*

« Attendez-moi, n'avez-vous jamais vu les feuilles à l'envers ? »

Théâtre italien, in P. J. Le Roux,
Dictionnaire comique, satyrique, critique, burlesque, libre et proverbial, 1718

« Nous fîmes mille bêtises qui aboutirent à foutre encore deux fois, nous nous levâmes à la brune pour aller danser à Montmartre, mais y étant arrivés, il fallut aller visiter un petit bois, où elle me dit qu'on serait très bien pour voir la feuille à l'envers... »

Les Amours secrètes de M. Mayeux, 1832

« Bon, j'ai pas osé, que j'y avoue ; mais ce soir, l' môme, on connive ensembl', que j'y dis en li pelotant amoureusement s' pierre d'évier ; et je t'emmène voir l' feuille à l'envers. »

M. Stéphane,
Ceux du trimard, Grasset, 1928

FAIRE FEUILLE DE ROSE : *pratiquer l'anilinctus.*

« — Je te ferai le grand jeu !
— Non.
— Feuille de rose !
— Non.
— Le tire-bouchon américain ?
— Connu... tu m'ennuies. »

Le Fantaisiste 1, 1873

« Pour un louis entier, si rare est la chose,
Je sucerai un homme de la tête au pied,
Et je lui ferai dix fois feuille de rose,
Si rare est la chose, pour un louis entier. »

La Pierreuse consciencieuse, chanson,
in *Anthologie hospitalière et latinesque,* 1911-1913

« — Attends que je te fasse un peu feuille de rose...
— Ah ! c'est bon, je sens ta langue dans la raie de mon cul... Elle entre et fouille les plis de ma rosette. »

G. Apollinaire,
Les Onze mille verges, 1907, L'Or du Temps, 1970

« On appelle cela faire minette ; tout à l'heure, quand je t'ai léché le trou du derrière, ça s'appelait faire feuille de rose. »

P. du Bourdel,
Mademoiselle de Mustelle et ses amies, J. Fort, 1911

« Si t'es bien sage, le capitaine te fera faire une bonne pipe à l'œil ! une pogne au savon ! Ce qui te plaira le mieux !... une feuille de rose ! Tu sais pas ce que c'est, dis donc machin, une feuille de rose ! T'es trop jeunot ! Tu connais pas encore ce qu'est bon ! »

A. Boudard,
Les Matadors, Plon, 1966

FEUILLET

TOURNER LE FEUILLET : *sodomiser (une femme).*

« Si quelquefois il me prend fantaisie,
Comme l'on dit de tourner le feuillet,
Vous me le refuser tout net.
À son mari la sage Cornélie
Accordait cette courtoisie. »

A. Piron,
Leçon à ma femme, in *Œuvres badines,* 1796

FIC

FAIRE FIC-FIC : *coïter.*

« Les cocottes ont commencé en faisant " fic-fic " avec les Fritz, maintenant elles font " zig-zig " avec les Amerlos... »

R. Sabatier,
La Souris verte, Albin Michel, 1990

FICELLE

TIRER SUR LA FICELLE : *se masturber.*

« Le troisième à Paris, qui courtise les belles
Tandis qu' son vieux père tir' sur la ficelle. »

Passant par Paris, chanson in T. Staub,
L'Enfer érotique de la chanson folklorique française,
Éditions d'Aujourd'hui, 1981

FIGNEDÉ

SE TARTINER LE FIGNEDÉ AVANT RÉCEPTION : *se lubrifier l'anus avant de se faire sodomiser.*

« La dame pendante nous propose d'entrer dans un appartement que tu te croirais dans un vieux bordel des années 30, avec plein de pomponnures, de coussinades, de fauteuils aux accoudoirs d'acajou et de jolies poupées décoratives, merveilleusement folkloriques. Y'a même des abat-jour en perles. Des godemichets exotiques. Et des pots de vaseline allemande pour se tartiner le fignedé avant réception. »

San-Antonio,
Les Prédictions de Nostrabérus, Fleuve Noir, 1974

FIGUE

GRIGNOTER LA FIGUE : *coïter (en parlant d'un homme).*

« De ton figuier mange le fruit,
Et ne va pas durant la nuit
Du voisin grignoter la figue. »

E. D. de Parny,
Poésies érotiques, 1778

FLACON

S'AGITER LE FLACON : *se masturber.*

« Il fume aussi maladroitement qu'autrefois, quand il se planquait dans les chiottes pour en griller une. Car s'il s'agitait le flacon en public, du moins se cachait-il pour fumer, ce tordu. »

San-Antonio,
Mets ton doigt où j'ai mon doigt, Fleuve Noir, 1974

FLON

FAIRE FLON-FLON : *coïter.*

« Jouissons de la vie,
Livrons-nous aux amours,
Car, à fille jolie,
On ne fait pas toujours...
Flon, flon... »

Chanson,
in J. Choux, *Le Petit citateur,* 1869

FLÛTE

JOUER DE LA FLÛTE : *coïter (en parlant d'une femme ou d'un homme) ; pratiquer la fellation ; se faire sodomiser.*

« (...) Si on couchait avec Pia qu'est-ce que tu dirais ?

— (...) La seule conditio sine qua non pour que nous restions amis, c'est que je ne le sache jamais avec certitude. J'aime Pia, bien sûr, mais je n'ignore pas qu'elle est artiste. Vous connaissez une artiste qui ne joue pas de la flûte avec qui lui plaît ou qui la sert ?... Moi, non. »

R. Trubert,
Succube, Gallimard, 1947

« Ouah ! super chaude : moi je joue de la flûte et toi tu chantes. OK ? »

Dirty Comics 1, Éditions Transit, 1978

« (...) il va diriger sa moulinette farceuse sur le canapé, et alors on pourra jouer de la flûte avec ta zézette (beaucoup de dames s'y sont essayées du reste, mais elles n'en ont jamais tiré un seul son). »

San-Antonio,
Un Os dans la noce, Fleuve Noir, 1974

« Puis se plaçant derrière elle, il sortit une pine mince comme un petit doigt, mais très longue.

(...) La Chaloupe débuta par lui claquer les fesses en disant :

— Eh bien ! mon gros joufflu, tu vas jouer de la flûte, moi je suis pour la terre jaune.

Il maniait et palpait ce gros cul duveteux et, ayant passé une main sur le devant, il maniait le clitoris, puis brusquement il entra la pine mince et longue. »

G. Apollinaire,
Les Onze mille verges, 1907, L'Or du Temps, 1970

JOUER DE LA FLÛTE À BEC : *sodomiser (en parlant d'un homosexuel).*

« Une société de bougres, dans toute la force du terme, a choisi pour théâtre de ses exploits les galeries de bois du Palais-Royal. Les tireurs au mur, pour ne pas dire les enculeurs accostent comme de raison les membres de cette société, et tandis qu'ils jouent de la flûte à bec, leurs ganymèdes profitent de leurs transports passionnés, et leur soulèvent argent et bijoux. »

Jean Bart, n° 100, 1790

JOUER DE LA FLÛTE À MOUSTACHE : *coïter (en parlant d'un homme).*

« (...) sors tes doudounes qu'on voie si c'est du vrai ! amène ta moule ! entrebâille ton millefeuilles ! donne de l'air à tes bacilles ! aère tes gonos ! on jouera de la flûte à moustache à tes tréponèmes ! »

A. Bastiani,
Le Grand embouteillage, J. Dullis, 1974

FONDEMENT

GALIPOTER LE FONDEMENT : *sodomiser (une femme).*

« Maint'nant que j't'ai, sacré'vessie,
Galipoté le fondement,
J'te préviens qu'j'ai z'une avarie
Qui me rong' tout le tour du gland. »

A. Karr, in A. Delvau,
Dictionnaire érotique moderne, 1864

SE FAIRE ÉGOÏNER LE FONDEMENT : *se faire sodomiser (en parlant d'un homosexuel).*

« Que s'il est en attelage avec Zobelblatt, certes il a des dispositions, ça doit pas tout de même lui déplaire de se faire égoïner le fondement... mais enfin il préférerait peut-être un fiancé moins rondibi, la tronche moins porcine ! »

A. Boudard,
Cinoche, La Table Ronde, 1974

FOSSE

SE FAIRE FOUINASSER LA FOSSE D'ORCHESTRE : *se faire faire un cunnilinctus.*

« Nous entrons dans une chambre assez pauvre, genre hôtel de passe, avec couvre-lit en peluche terne, fauteuils en peluche grenat et bronze d'art sur la cheminée. Au mur, un tableau terriblement artistique, représentant une dame nue en train de se faire fouinasser la fosse d'orchestre par un marquis Louis XV. »

San-Antonio,
Béru et ces dames, Fleuve Noir, 1967

FOSSETTE

JOUER À LA FOSSETTE : *coïter.*

« Vous en connaissez des vieilles bigornes, laides comme un cul, qui n'épargnent or ni argent pour se faire piquer à de forts et raides cavalcadours. Puis donc que les laides jouent aussi bien à la fossette que les belles, pourquoi décriez-vous si fort la beauté à cause du métier ? »

Cholières,
Les Neuf matinées, 1585

« Entre ce grand mont fendu,
Ça jouons à la fossette. »

Le Parnasse des muses, 1633

FOUFOUNE

FARFOUILLER LA FOUFOUNE : *tripoter le sexe d'une femme.*

« Si ta paluche droite rêve d'aller farfouiller sa foufoune ou de lui glisser un doigt dans l'as de trèfle, coupe-la et file-la au clebs comme casse-dale. Il vaut mieux perdre une de tes pognes que d'aller en enfer avec tous tes abattis. »

J. M. Keurbé & M. Thiégurel,
Les Évangiles en argot, Éditions S.V.P., 1989

FOUIFOUI

SE FAIRE PÉTER LE FOUIFOUI : *coïter avec ardeur (en parlant d'un homme).*

« Je pars en perm, tu parles que je vais me faire péter le fouifoui. »

G. Esnault,
Le Poilu tel qu'il se parle, Bossard, 1919

FOURMI

AVOIR DES FOURMIS DANS LE CALBUT : *avoir envie de coïter (en parlant d'un homme).*

« Hum... J'ai des fourmis dans l'calbut... la petite Def, j'ai le tixon avec elle... sûr qu'elle ne pense qu'à me téter l'chibre... »

Tramber,
Pas de cadeau à Gromago, L'Écho des Savanes, Albin Michel, 1989

FRAISE

CUEILLIR LA FRAISE : *coïter*

« Ah ! qu'il fait donc bon
Qu'il fait donc bon

Cueillir la fraise
Au bois de Bagneux
Quand on est deux !... »

Le Bijou perdu, in J. Choux,
Le Petit citateur, 1869

SE FAIRE RÉJOUIR LA FRAISE : *coïter (en parlant d'une femme).*

« ... si ces salopes de femmes ne bouchaient pas tout, on pourrait rouler... pouffiasses qu'elles sont, prennent leur volant pour venir acheter leurs bouche-trou périodiques, la pilule, du vernis à griffes, du parfum à fesses ou se faire réjouir la fraise par n'importe qui... »

A. Bastiani,
Le Grand embouteillage, J. Dullis, 1974

SUCRER LES FRAISES : *se masturber.*

« Boby ? Qu'est-ce que tu branles ? Tu sucres les fraises ? »

Tramber,
Pas de cadeau à Gromago, l'Écho des Savanes, Albin Michel, 1989

FRAMBOISE

CUEILLIR LA FRAMBOISE : *coïter.*

« Taille-toi de ma vue, ignoble, affreux, funeste, nez de poux, graine d'andouille ! Ah ! tu as craché ton dédain sur la jolie framboise que je t'offrais de cueillir avec moi, godichon de mes deux. Ah ! tu as refusé l'offrande de ma praline, insolent de mes trois ! Taille-toi ! »

P. Devaux,
Le Livre des darons sacrés, Éditions L'Humour des Temps, 1960

FRÈRE

DÉROUILLER SON PETIT FRÈRE : *coïter (en parlant d'un homme).*

« Je connais au moins dix façons de dire qu'on va faire l'amour (...)

— Ça fait sept, dit-elle.
— Sept quoi ?
— Sept façons de dire. Tu m'en as promis dix.
— Tu tiens à dix ?

— Puisque t'as promis.
— Dérouiller son petit frère. Aller au cul... »

R. Trubert,
Succube, Gallimard, 1947

FRICANDEAU

CUIRE SON FRICANDEAU DANS LE FOUR : *coïter (en parlant d'un homme).*

« C'est me juger fol manifeste,
Et me croire bien grosse bête,
Moi qui fonds aux rais de l'amour,
Ne plus ne moins qu'au feu la cire,
De penser que je voulus cuire
Mon fricandeau dans un tel four ! »

C. d'Esternod,
L'Espadon satyrique, 1619

FRIFRI

BROUTER LE FRIFRI : *pratiquer le cunnilinctus.*

« On peut baiser sans se marrer, objecte cet homme de bien, avec quelque pertinence, que, moi qui te cause, l'ami, moi qui te déconne à longueur de vie, j'ai vu un mec qui pleurait en broutant le frifri d'une fille. Qui pleurait d'amour pour elle, en pleine dégustation de tarte aux poils, comme dit l'Audiard. »

San-Antonio,
Viens avec ton cierge, Fleuve Noir, 1978

FRISÉE

BROUTER LA FRISÉE : *pratiquer le cunnilinctus.*

« Sexuellement, elles bandent plus pour leur bonhomme, elles en ont rien à foutre !... Au bout d'un moment elles en ont tellement vu que même leur mec les intéresse plus du tout... Elles se régaleront davantage avec un client de soixante ans qui viendra leur brouter la frisée pendant une plombe, jusqu'à ce qu'elles se laissent aller, qu'avec leur mec. »

Monsieur Gontran, Julliard, 1968

FRISSONNET

VISITER LE FRISSONNET : *coïter (en parlant d'un homme).*

« Ah !... à propos, si vous avez envie de m'visiter le frissonnet, faut vous abstenir, because que ça me chatouillerait et que ça déréglerait ma boussole. »

P. Devaux,
Le Livre des darons sacrés, Éditions L'Humour des Temps, 1960

FROTTEUSE

METTRE LA FROTTEUSE AU VALSEUR : *sodomiser.*

« Jacky se coule auprès d'elle. Sur elle. Je le vois se déhancher pour sortir son chibre. Fourrager dans le tissu de la jupe en poussant de petits cris de rapace.

Sa voix a retrouvé le timbre enfantin des fantasmes aux photos pornos, l'après-midi sur le banc.

— J't' la mets au cul ! Au valseur, la frotteuse ! »

J. L. Degaudenzi,
Zone, Fixot, 1987

FUMAGA

LÂCHER SA FUMAGA : *éjaculer.*

« Et ce qu'ils racontent avant de baiser, et la manière stupide qu'ils baisent, et cette façon de comporter, après le coïtum, quand l'animal est triste d'avoir lâché sa fumaga dans leur tuyau d'orgue plein de délices et d'amours au féminin pluriel. »

San-Antonio,
Certaines l'aiment chauve, Fleuve Noir, 1975

FUMÉE

AVALER LA FUMÉE : *absorber le sperme au terme de la fellation.*

« Remarque, poursuivit Milou en tétant la cigarette, remarque qu'elle se défend, la Micheline. C'est une baiseuse correcte. Elle avale la fumée, elle reluit facile. Mais je te dis ça, tu le sais peut-être mieux que moi. »

R. Fallet,
La Grande ceinture, Denoël, 1956

« Il se le suppute, suppose, subodore tout angelot, un mignon blondinet bouclé... la miche pulpeuse... de longs cils... la bouche à sucette ! Il s'y voit déjà... qu'il lui fera avaler de force la fumée à ce nouvel... l'embrochera... vlan ! ran ! margarine ou non... d'un coup sec... crac ! Il tient la rampe deux fois sans faiblir, il m'explique. »

A. Boudard,
Le Banquet des léopards, La Table Ronde, 1980

« Nounours noie le barracuda en racontant des coups. Les initiés ont vite fait d'entraver que ce soir, c'est la fête. Ses pipeuses avaleront la fumée pour trois fois que dalle... »

J. L. Degaudenzi,
Zone, Fixot, 1987

FUSÉE

DÉVIDER LA FUSÉE : *coïter (en parlant d'un homme).*

« Le premier soir qu'un jeune compagnon
Coucha auprès de sa belle épousée,
Quand il lui eût dévidé sa fusée,
Elle enfanta une fille à Lyon. »

E. de Beaulieu,
Les Divers rapportz, 1537

FUSIL

ÊTRE UN FUSIL À TROIS COUPS : *se prêter au coït vaginal, buccal et anal (en parlant d'une prostituée notamment).*

« J'veux la faire tirer en cabane, mais elle chique pas, elle me dit : la sous-broche voudra que je fasse la puce et j'suis pas bonne ; j'suis pas une vrille, je lave la vaisselle, j'peux pas encaisser ça, ni le spécial ; alors je lâche les dés et je l'envoie au turf, c'est pas un fusil à trois coups cette petite nière, puis elle a pas le poids, alors si jamais on la fait marron avec les faux faffes de sa frelotte, elle file la vingt et une comme pas une ; après j'serai marron de mon bifteck, adieu la comptée ! »

A. Dussort,
Des Preuves d'une existence, manuscrit, 1927

G

GALA

SE FAIRE UN GALA À TARIF RÉDUIT : *se masturber (en parlant d'une femme)*

« Sa Madame toute neuve attendait son taf de vertige, mais tout ce qu'il lui a joué, c'est un solo de ronflette. C'est triste pour une nuit de noces, non ? (...) Vous imaginez, cette mignonnette en train de se faire un gala à tarif réduit, tristement, près de son ronfleur ? »

San-Antonio,
Le Standinge selon Bérurier, Fleuve Noir, 1965

GALOCHE

ROULER UNE GALOCHE : *donner un baiser, langue en bouche.*

« Je l'ai saisie et je lui ai roulé une galoche de vieux voyou. Elle est devenue toute languissante au fur et à mesure que je prolongeais mon coup de banane. »

A. Paraz,
Schproum à Casa, Martel, 1956

GAMELLE

ROULER UNE GAMELLE : *donner un baiser, langue en bouche.*

« Mariette la Poivrade se roulait des gamelles avec son maçon, assise à la même table près du juke-box, sans se soucier des onze gosses qui croupissaient à l'Assistance, le ventre gros d'un douzième en préparation. »

J. Cordelier,
La Dérobade, Hachette, 1976

GAMME

GOUPILLER DES GAMMES SUR LE GALOUBET : *pratiquer la fellation.*

« Au comble de l'admiration, les captives, musiciennes de nature, goupillaient des gammes sur le galoubet et la séance se terminait par une sonate très douce, mais un peu étouffée, qui se taillait des profondeurs du ratonnet. »

P. Devaux,
Le Livre des darons sacrés, Éditions L'Humour des Temps, 1960

FAIRE DES GAMMES AU FIFRE BAVEUR : *idem.*

« (...) sa dame pompe une alignée de zouzous. Elle les veut de tailles différentes. Elle passe du plus petit au plus grand, et puis elle revient au plus petit... C'est ce qui s'appelle faire des gammes au fifre baveur. »

San-Antonio,
Une Banane dans l'oreille, Fleuve Noir, 1977

GARDE

ÊTRE DE LA GARDE NATIONALE : *être homosexuel; être lesbienne.*

« Il s'approche, je crois qu'il en veut à ma montre que je m'empresse de préserver; il s'approche davantage, avance sournoisement la main vers l'objet chéri des dames : je vis qu'il était de la garde nationale, et alors... »

J. Le Vallois, in A. Delvau,
Dictionnaire érotique moderne, 1864

« Une qui peut rivaliser avec la mère G... c'est la Vicomtesse de L..., Vicomtesse en baudruche, connue sous le nom de Colonel de la Garde nationale.

(Être de la Garde nationale, signifie dans le monde saphiste appartenir à la secte.) »

C. Virmaître,
Mlles Saturne, 1898

GARGARISME

SE FAIRE ADMINISTRER UN GARGARISME : *pratiquer la fellation.*

« Pendant ces belles réflexions, je viens de calculer, moi, que le sieur Belamour a fait, depuis hier après-midi, sept politesses de bon compte, y compris le gargarisme que Mme la Comtesse a trouvé bon de se faire administrer. »

A. R. Andrea de Nerciat,
Le Diable au corps, 1803.

GÂTERIE

FAIRE UNE GÂTERIE : *pratiquer la fellation ; pratiquer le cunnilinctus.*

« Ça lui arrivait, à la belle Yoyo, carrément de me la sortir, de se pencher pour faire une turlute... une gâterie, j'avoue, bien difficile à refuser ! »

A. Boudard,
L'Éducation d'Alphonse, Grasset, 1987

« À c't'époque, je connaissais pas Cécelle. Je sortais avec Olga. Olga-la-pipe qu'on l'appelait pasqu'elle faisait des gâteries à tout le monde. »

F. Lasaygues,
Vache noire, hannetons et autres insectes, Barrault, 1985

« Là aussi y avait du spectacle, et dans tous les genres. (...) deux intrépides, mâle et femelle, à loilpé, intégral, inertes au soleil sur la terrasse de leur villa... Et encore, en apothéose, dans une salle de bains, tout près de là, deux copines qui se faisaient une gâterie bien affectueuse ! »

A. Simonin,
Touchez pas au grisbi !, Gallimard, 1953

SE FAIRE FIGNOLER UNE GÂTERIE SUR LE CRÉATEUR · *se faire faire une fellation.*

« Baiser ? Il n'y croit pas. Il vient voir. Il voit, et bien. Et ce glandard s'installe dans le fauteuil et commence à discourir pendant que je lubrifie la frangine ! Tu penses, ce doux jeune homme, dans quel état ça l'a mis ! Il avait plus qu'une envie, c'était de se faire fignoler une petite gâterie sur le créateur. »

Monsieur Gontran, Julliard, 1968

GAUFRETTE

SE FAIRE DÉGUSTER LA GAUFRETTE : *se faire faire un cunnilinctus.*

« C'est le petit chaperon rouge, toute guillerette de s'être fait déguster la gaufrette tantôt par les amazones au père Duboudin. »

San-Antonio,
On liquide et on s'en va, Fleuve Noir, 1981

GAULE

AVOIR LA GAULE : *être en érection.*

« Il me refait le geste... bander ! Ach ! Le pouvoir magique, hilarant de ce mot... Il veut savoir s'il y en a d'autres... la langue française si riche... il veut s'instruire, enrichir son vocabulaire. Goder, triquer, l'avoir en l'air... je cherche... avoir la gaule, je réponds de mon mieux. »

A. Boudard,
Cinoche, La Table Ronde, 1974

S'ASTIQUER LA GAULE : *se masturber.*

« Elle, le soir, le matin, dans le lit, je l'aurais grimpée sans arrêt, sûrement aurions-nous eu un enfant et là, je m'astiquais la gaule comme un forcené, allongé sur le lit de camp. »

R. Knobelspiess,
Le Roman des Écameaux, Grasset, 1984

GAZON

TONDRE LE GAZON : *pratiquer le cunnilinctus.*

« Tu as vu juste, Béru. Je vais aller tondre un peu le gazon dans son jardin secret. »

San-Antonio,
L'Histoire de France, Fleuve Noir, 1964

GERBE

SE PASSER UNE GERBE : *se masturber (en parlant d'une femme).*

« Pour le présent, c'est la bêtise de ces garçons qui la frappe. Depuis plus de deux piges elle se passe sa gerbe quotidienne dans son petit pageot avant de s'endormir, et ceux-là qui ignorent une manœuvre aussi simple, plus jamais elle viendra jouer avec ! »

A. Simonin,
Du Mouron pour les petits oiseaux, Gallimard, 1960

GIGOT

BECTER DU GIGOT À L'AIL : *être lesbienne.*

« Elle lui sert de dame de compagnie, de secrétaire, de femme de chambre et d'un tas de je ne sais quoi. P't'être que si la douairière bectait du gigot à l'ail, elle groumerait l'exquise tarte aux poils à la miss, mais elle ne paraît pas turbulée par les sens, la mère. »

San-Antonio,
On liquide et on s'en va, Fleuve Noir, 1981

GIGUE

DANSER LA GIGUE : *coïter.*

« Corchepleure, un sacré plat : Deux vicelards chez mézigue !
Qu'ils aillent danser leur gigue autre part qu'entre mes draps ! »

R. Rabiniaux,
La Fin de Pédonzigue, Simoën, 1978

GINGIN

FAUBERDER OU FOMBERDER LE GINGIN : coïter.

« (...) il voulait nous introduire dans le sein des familles, et, (...), demandait s'il y avait dans la maison une fille de bonne volonté qui voulût se faire fauberder le gin-gin moyennant finances par des forestiers anglais et cossus quoique mal mis. »

T. Gautier,
Lettre à la Présidente, Voyage d'Italie, 1850

« Mais comm' ça n'm'amuse guère
De te fomberder l'gingin
J'vas manœuvrer sur l'arrière
Mais n'vas pas m'lâcher un grain. »

G. de La Landelle,
Marine, in *Le Parnasse satyrique du* XIX*e siècle,* 1864

GLAND

DONNER DU GLAND : *coïter (en parlant d'un homme).*

« Allez ! Amène, va !... On va s'aimer dans not' petit' piaule... J'te donnerai du gland, mais file-moi du blé. »

J. Gravigny,
Montmartre en 1925, Éditions Montaigne, 1925

GOBER LE GLAND : *pratiquer la fellation.*

« J'y raconte Cécelle en long et en large, de la rotondité de son derche, de ses petits seins qui collent à mes paumes, de sa langue de salamandre qu'a pas son pareil pour vous gober le gland. »

F. Lasaygues,
Vache noire, hannetons et autres insectes, Barrault, 1985

BROUTER LE GLAND : *idem.*

« J'aimerais bien qu'elle me broute un peu le gland ! »

Margerin,
Y'a plus de jeunesse, L'Écho des Savanes, Albin Michel, 1989

GLOBE

SE FAIRE ARRONDIR LE GLOBE : *se faire engrosser.*

« On s'a fait arrondir el' globe,
On a sa p'tit' butte, à c'que j'vois...
Et ben, ça prouv' qu'on est pas d'bois. »

A. Gill,
La Muse à Bibi, 1879

GLOUGLOU

FAIRE GLOUGLOU SUR LA VEINE BLEUE : *pratiquer la fellation.*

« Elles ne font pas l'amour, elles se soulagent. Elles baisent comme elles chient et souvent avec infiniment moins de grâce... et en plus nauséeux. À toi, à moi, fais-moi glouglou sur la veine bleue. Ce sont les femmes qui ont créé l'obscène, l'égrillard, le tout pornographe, le grivois, le graveleux... »

M. Raphaël,
Ainsi soit-il, Éditions du Scorpion, 1947

« ... enfoirée ! peau d'hareng ! vérole ambulante !... viens me faire glouglou sur la veine bleue, morue !... »

A. Bastiani,
Le Grand embouteillage, J. Dullis, 1974

GLUANTE

TITILLER LA GLUANTE : *pratiquer la fellation.*

« Le taillage de plume est un Art essentiellement français. (...) La synonymie est extrêmement riche (...), nous ne citerons parmi les synonymes que les plus importants. Les potaches, amateurs de sucre d'orge, emploient le terme très défectueux de " sucer " ; le bourgeois dit " travailler " ; (...) le carabin, " titiller la gluante ". »

F. Carabin,
Traité didactique de la Plume, 1915,
in G. Legman, *Oragénitalisme,* Truong, 1970

GOBE-MOUCHE

CHOURAVER LE GOBE-MOUCHE : *déflorer.*

« Tu as dépassé les règles de la tringlomanie, car depuis la captivité de Babylone, tu as chouravé ignoblement le gobe-mouche des vierges judéennes, tes captives, et neuf marcotins après, elles ont pissé leurs côtelettes ! »

P. Devaux,
Le Livre des darons sacrés, Éditions L'Humour des Temps, 1960

GONADE

SE VIDANGER LES GONADES : *coïter (en parlant d'un homme).*

« Hé, les mecs visez un peu les moukères !
... J'me vidangerais bien les gonades, moi. »

Boucq,
La Pédagogie du trottoir, Casterman, 1987

GORGÉE

RECEVOIR LA GORGÉE : *recueillir le sperme dans la bouche au terme de la fellation.*

« Une femme honnête, quelqu' amoureuse qu'elle soit, ne reçoit pas la gorgée, mais une putain la reçoit. Cela dépend souvent du prix. »

N. E. Restif de La Bretonne,
Dom-Bougre aux États-Généraux
ou Doléances du Portier des Chartreux, 1789

GOSSE

S'ÉTRANGLER LE GOSSE : *se masturber.*

« La première fois, il s'était arrangé pour que deux mecs de sa section le surprennent à s'étrangler le gosse. Comme tous le considéraient toujours comme un fiévreux, les témoins de son plaisir solitaire s'étaient empressés d'aller le rapporter aux autres bidasses. »

J. Risser,
Les Ringards de l'idéal, Vertiges, Carrère, 1987

GOUINE

ÊTRE GOUINE COMME UNE LOUVE DE SIBÉRIE : *être lesbienne de manière manifeste.*

« Hareng, elle l'était pourtant, gouine comme une louve de Sibérie, elle avait deux girondes qui travaillaient pour elle sur le Topol. »

R. Giraud,
Le Vin des rues, Denoël, 1955

« ... J'ai vingt-trois ans, j'en avais cinq lorsque j'ai été violée par deux de mes oncles dont l'un était gendarme et l'autre facteur. Ce sont des choses qui ne s'oublient pas. (...) Lorsque je me suis retrouvée libre, à ma majorité, j'étais gouine comme une louve de Sibérie, mais avec dans le ventre une de ces faims de mâle... »

A. Bastiani,
Les Nouveaux mauvais lieux de Paris, Balland, 1971

GOUJON

METTRE LE GOUJON DANS LA FONTAINE : *coïter.*

« Mais surtout prenez ce goujon,
Et mettez-le dans la fontaine
Qu'on voit tout le long, le long de la bedaine. »

Chanson anonyme, in A. Delvau,
Dictionnaire érotique moderne, 1864

TAQUINER LE GOUJON : *provoquer l'érection et la jouissance, buccalement ou manuellement.*

« Il sonna le garçon.

— Joseph, lui dit-il, va me chercher six putains.

— Monsieur est donc en bien belle humeur ce soir, qu'il veut se faire taquiner le goujon ? répondit Joseph. »

C. Virmaître,
Les Flagellants et les flagellés de Paris, C. Carrington, 1902

GOULOT

BOIRE AU GOULOT : *pratiquer la fellation.*

« Mais, grossier comme un matelot,
Par le rustre je fus forcée
De boire à même le goulot. »

Marcillac, in A. Delvau,
Dictionnaire érotique moderne, 1864

GOUMI

POMPER LE GOUMI : *pratiquer la fellation.*

« Elle était flattée de me pomper le goumi, Germaine. S'est laissé calcer dans ma tire sans barguigner... »

San-Antonio,
Fais pas dans le porno..., Fleuve Noir, 1986

GOUPILLON

FLANQUER SON GOUPILLON DANS LE BÉNITIER : *coïter (en parlant d'un homme).*

« Ceux du bas clergé sont toujours parmi de belles dames, auxquelles y offrent les services de leurs sigourêts bénis, et ils ne sont pas écoutés, y sont obligés d'aller flanquer leur goupillon dans le bénitier des Rosalies, des Céciles qui les aiment, mais c'est pour leur argent. »

Nouvelle Constitution et nouveau règlement
de messires Ribotte et Giblou son compère, savetiers, 1789

GOURDIN

AVOIR LE GOURDIN : *être en érection.*

« Il se goure bien qu'elle fera quelques chichis, qu'une dernière fois elle invoquera Dieu et ses saints. Ça l'excite plutôt, il m'avoue... il a un côté profanateur, il répondra par des blasphèmes. " J'ai le gourdin rien que d'y penser. " Tout juste s'il me montre pas, s'il me soulève pas sa chemise. »

A. Boudard,
L'Hôpital, La Table Ronde, 1972

FILER LE GOURDIN : *mettre en érection.*

« Elles évoquent comment qu'il trépignait du mât de cocagne, Jérôme ! Avec quelle maestria il leur jouait l'introduction de la Flûte enchantée ! Et comment qu'il s'y prenait avec la gourmande pour leur humidifier la cressonnière ! Demandez tous les détails ! De quoi filer le gourdin à douze académiciens ! »

San-Antonio,
Béru et ces dames, Fleuve Noir, 1967

AVOIR LE GOURDIN D'ÉBÈNE : *avoir une grande vigueur sexuelle.*

« Qu'Albert se la tape c'était du cri. À bien réfléchir aujourd'hui, il devait avoir le gourdin d'ébène. Le secret de tous les maques, les gigolpinces... qu'ils bandent quart de tour, sans motif bien évident, et qu'ils tiennent la note jusqu'à ce que leur partenaire crie grâce moult fois. »

A. Boudard,
Les Combattants du petit bonheur, La Table Ronde, 1977

GOURMANDISE

FAIRE UNE GOURMANDISE SUR LE CHINOIS : *pratiquer la fellation.*

« Hé ! Sarthois, t'entends ça ? Tu me l'avais caché que t'étais un enfant de Marie ! Dis, où que tu servais la messe, dans ton patelin, est-ce que le curé y te faisait une gourmandise de temps en temps, sur le chinois ? »

A. Le Breton,
L'As des anti-gangs, Plon, 1977

GOUSSE

CROQUER DE LA GOUSSE : *être lesbienne.*

« À la dérobade, tout de même, je firme la noiraude... sa dégaine... elle est en pantalon. À l'époque c'est rare une gonzesse avec un futal comme un homme... mal vu... ça prête aux interprétations... qu'elle croque de la gousse. »

A. Boudard,
Les Combattants du petit bonheur, La Table Ronde, 1977

GRAGRATTE

FAIRE DES GRAGRATTES SUR LES JOYEUSES : *caresser les testicules.*

« Il était fringué d'une énorme robe en fil de jonc qui dégoulinait sur les marches du trône, et sous la jupe se planquait une ravissoire musaraigne de haute galanterie qui y faisait des gragrattes sur les joyeuses. »

P. Devaux,
Le Livre des darons sacrés, Éditions L'Humour des Temps, 1960

GRAIN

SECOUER SON GRAIN DE CAFÉ : *se masturber (en parlant d'une femme).*

« C'est pour ça que tu fais de la bicyclette toute la journée, tu sais, faut pas la faire à Madame Guette-au-Trou. Quand tu passes sur ta bécane sur le boulevard, les gosses te crient : Oh ! la la ! la môme qui secoue son grain de café, tu sais bien ce que cela veut dire. »

C. Virmaître,
Mlles Saturne, 1898

GRAINE

SEMER SA GRAINE : *coïter (en parlant d'un homme).*

« Et cet abruti de Jeannot, toujours handicapé par une histoire de femme ! C'était bien le moment de semer sa graine ! »

J. Giovanni,
Classe tous risques, Gallimard, 1958

GRAND-VIZIR

PRENDRE À LA GRAND-VIZIR : *sodomiser (une femme).*

« Lui cédez surtout pas, vous me le promettez, si elle veut être prise à la grand-vizir, vous risqueriez de nous l'abîmer, fort comme vous devez être !... »

A. Simonin,
Touchez pas au grisbi !, Gallimard, 1953

ENGLANDER À LA GRAND-VIZIR : *sodomiser (un homme).*

« Donc, je me répète, je t'englande à la grand Vizir de toute ma longueur, foireux condé. »

J. L. Degaudenzi,
Zone, Fixot, 1987

GRENOUILLE

FAIRE LA GRENOUILLE : *coïter (en parlant d'une femme).*

« Sais-tu point pourquoi tu déplais ?
C'est lorsqu'en faisant la grenouille
Et que le plaisir te chatouille
Ton cul discourt, et tu te plais. »

P. Motin,
in *Le Cabinet satyrique,* 1618

GRILLE

REPEINDRE SA GRILLE : *avoir ses règles.*

« (...) et bien ! maintenant ce chiard, c'est une belle petite mistonne de douze berges ; elle a encore son berlingot quoiqu'elle repeigne déjà sa grille tous les mois. »

P. Devaux,
La Langue verte et les Propos de l'affranchi, Hazan, 1936

GRIMAUDIN

LOGER LE GRIMAUDIN DANS LE CHÂTEAU DE GAILLARDIN : *coïter (en parlant d'un homme).*

« C'est pour loger mon grimaudin
Dans son château de gaillardin. »

Lettres galantes, 1707, in P. J. Le Roux,
Dictionnaire comique, satyrique, critique, burlesque, libre et proverbial, 1718

GROSSE

S'EN FAIRE GLISSER DE GROSSES : *se faire sodomiser, être homosexuel passif.*

« La " honteuse " est jugée avec d'autant plus d'ironie par ses pairs qu'elle " s'en fait glisser de grosses " (paires), c'est-à-dire qu'elle se complaît dans les rapports passifs, " se fait taper dans la lune ", " ramasse les épingles ", bref, est une " fille " qui donne du " rond ", du " petit ", de l' " ogne " ou de la " rondelle ". »

R. Beauvais,
Le Français kiskose, Fayard, 1975

GUIGNOL

RENQUILLER AVEC LE GUIGNOL EN BANDOULIÈRE : *rentrer chez soi sans avoir trouvé une partenaire.*

« Deux qui renaudaient vachement ce furent les deux viocards qui renquillèrent chez leurs poires avec leur guignol en bandoulière. »

P. Devaux,
Le Livre des darons sacrés, Éditions L'Humour des Temps, 1960

GUIGUITE

SE FAIRE POLIR LA GUIGUITE : *coïter (en parlant d'une femme).*

« Savez-vous que la Brigitte, la fille du plombier — zingueur de la rue des Moabites, s'est fait polir la guiguitte *(sic)* par sept ou huit tirailleurs dans le fond d'une guérite près de la caserne des Teurs (Quartier Général Peupeur) ? »

R. Rabiniaux,
L'Honneur de Pédonzigue, Corrêa, 1951

SE FAIRE TURLUTER LA GUIGUITE : *se faire faire une fellation.*

« Et j'exhibe une nouvelle fois la photo du mec qui se faisait turluter la guiguite par Kamala. »

San-Antonio,
Le Trouillomètre à zéro, Fleuve Noir, 1987

GUIZOT

PASSER AU GUIZOT : *coïter (en parlant d'un homme).*

« C'est l'ardent, cet homme, et l'autre soir, à la rentrée du cinoche, y a fallu qu'elle se fâche presque, qu'elle lui interdise ferme l'accès de la loge, tant elle sentait avec certitude qu'aussitôt dans la place il allait, expéditif, la passer au guizot ! »

A. Simonin,
Du Mouron pour les petits oiseaux, Gallimard, 1960

H

HANNETON

TAQUINER LE HANNETON : *masturber (un homme).*

« (...) Le Suédois, dit-on,
Aime qu'on lui taquine un peu le hanneton ;
Le Russe gamahuche et l'Italien encule. »

L. Protat,
Examen de Flora, 1846

HARICOT

CROQUER LE HARICOT : *pratiquer le cunnilinctus.*

« Sauf votre respect, mignonne, je vous croquerais bien l'haricot ! »

Les Lettres à la promise, 1905,
in J. Lacassagne & P. Devaux,
L'Argot du « milieu », Albin Michel, 1948

AVOIR LE HARICOT QUI VOUS DÉMANGE : *être sexuellement très excitée.*

« (...) laisse tomber, mon pote, c'est un lièvre, une gonzesse qu'a toujours le haricot qui la démange. »

G. Montho,
Brin d'amour, Éditions Panama, 1950

AVOIR LE HARICOT À LA PORTIÈRE : *idem.*

« Camadule lâcha, mélancolique :

— Il se passe que Prunelle, elle a le haricot à la portière.
— (...) Elle s'est mise à pousser des cris, à avoir des suées, à se tordre sur son lit. »

R. Fallet,
Le Beaujolais nouveau est arrivé, Denoël, 1975

METTRE LE HARICOT À LA FENÊTRE : *mettre le clitoris en état de turgescence.*
« L' " érection " du clitoris le fait émerger hors du buisson pileux, elle fait prosaïquement " mettre le haricot à la fenêtre "... »

G. Zwang,
Le Sexe de la femme, La Jeune Parque, 1967

HARMONICA

JOUER DE L'HARMONICA À MOUSTACHE : *pratiquer le cunnilinctus (en parlant d'une lesbienne).*
« Tu pourras rester de marbre, tézigue, quand ces deux friponnes se joueront de l'harmonica à moustache ? »

San-Antonio,
Certaines l'aiment chauve, Fleuve Noir, 1975

HÉRISSON

BOUCHER LE HÉRISSON : *coïter.*
« Janeton, laisse-moi boucher ton petit hérisson. »

Vaudeville de Paris, in P. J. Le Roux,
Dictionnaire comique, satyrique, critique, burlesque,
libre et proverbial, 1718

HEURE

AVOIR PAS MAL D'HEURES DE VOL : *avoir une assez longue expérience des rapports sexuels, ne plus être toute jeune.*
« Elle n'était plus très fraîche et devait avoir pas mal d'heures de vol dans l'aile... »

Hernu & Bucquoy,
Jean-Pierre Leureux, Glénat, 1987

« Elle avait quelques heures de vol mais la carrosserie était comme neuve. On devait pas s'ennuyer tous les jours avec un lot pareil... »

Gauckler & Houssin,
Franck le menteur, Albin Michel, 1988

HOULETTE

SE FAIRE SECOUER LA HOULETTE : *se faire masturber (en parlant d'un homme).*

« L'Anglais, même au bordel, stupide, ridicule,
Fait laver quatre fois le cul de la putain ;
Puis, quand il est bien sûr, en y mettant la main
Et le nez, que la place est bien propre et bien nette,
Sans mot dire, il se fait secouer la houlette. »

L. Protat,
Examen de Flora, 1846

HUILE

AVOIR DE L'HUILE ou N'AVOIR PLUS D'HUILE DANS LA LAMPE : *(ne plus) pouvoir coïter après plusieurs éjaculations.*

« Il y avait encore de l'huile dans la lampe. Le jeune homme mit le verrou, nous enfermant ainsi tous trois, et il se jeta sur sa sœur qu'il enfila d'un seul trait. »

N. E. Restif de La Bretonne,
L'Anti-Justine, 1798

« Crains-tu qu'il n'aille ailleurs ? Pour ce soir, tu sais bien qu'il n'y a plus d'huile dans la lampe ! »

L'École des biches ou mœurs des petites dames de ce temps, 1863

I

INVERTÉBRÉ

TUTUYER L'INVERTÉBRÉ : *pratiquer la fellation.*

« À propos de rouage, elle est drôlement en train de remonter le mien ; elle va faire péter le ressort si elle continue à s'activer de la sorte ! Mince de vigoureuse ! (...) Et la voilà qui moule la converse pour me tutuyer l'invertébré ! À bout portant ! »

San-Antonio,
Va donc m'attendre chez Plumeau, Fleuve Noir, 1983

J

JANTE

ROULER SUR LA JANTE : *être impuissant.*

« — Mince, ça doit être vexant pour un roi à la redresse de rouler sur la jante. Qu'est-ce qu'il a fait ? Il a pris des pilules Duralex ?

— Non : il a bouclé sa dame dans un couvent. »

San-Antonio,
L'Histoire de France, Fleuve Noir, 1964

JAQUETTE

BALANSTIQUER, ÊTRE, FILER, REFILER DE LA JAQUETTE : *être homosexuel passif.*

« C'est tout hareng Toulon, on sait ça. Ou tout agents électoraux, tous qui escartefiguent, marchénoirent, traitent des blanches, et le reste balanstique de la jaquette. »

M. Raphaël,
De deux choses l'une, Éditions du Scorpion, 1949

« Son job, c'était “ secrétaire de direction ”, et, sauf un qui était de la jaquette, jamais aucun de ses tauliers avait résisté plus de huit jours à l'envie de la calcer... »

A. Simonin,
Touchez pas au grisbi !, Gallimard, 1953

« Il y a là un garçon, Marcel le rouquin, qui vaut dix, Roger de Belleville m'apprend que c'est un pédéraste.

— Il file de la jaquette comme feu l'inventeur. »

A. Breffort,
Mon taxi et moi, Éditions de la Corne d'Or, 1951

« On me parle. Un de ces jeunots genre artiste. Pas besoin de dessin... encore un qui refile de la jaquette... Une jolie tantouse qui me regarde avec elle aussi des yeux humides, la sagouine !... »

A. Boudard,
La Métamorphose des cloportes, Plon, 1962

ÊTRE DE LA JAQUETTE FLOTTANTE ou FENDUE : *idem.*

« Henri III, tout le monde le sait et toi-même t'en causais y a pas un instant, était de la jaquette flottante. »

San-Antonio,
L'Histoire de France, Fleuve Noir, 1964

« Rien de plus traître que la compassion lorsqu'elle exerce sur une personne d'un sexe entièrement différent du vôtre (ou même sur une personne du même genre si vous êtes de la jaquette fendue ou du gigot à l'ail). »

San-Antonio,
Mange, et tais-toi !, Fleuve Noir, 1966

JÉROBOAM

SE FAIRE GOUPILLONNER LE JÉROBOAM : *coïter (en parlant d'une femme).*

« Alors écoutez bien, l'enflure ; s'il arrive malheur à mon pote ce sera de votre faute. Non-assistance à personne en danger, c'est facile un an de mitard !

Là, votre bourgeoise, elle aura tout loisir de se faire goupillonner le jéroboam... »

P. Damaisin,
L'Épornopée, J. J. Pauvert, 1972

JÉSUS

METTRE LE PETIT JÉSUS DANS LA CRÈCHE : *coïter (en parlant d'un homme).*

« Il l'a coincée dans l'herbe. (...) Il lui est monté dessus. Et puis il a essayé de mettre sa langue. “ Ouvre-la ta bouche, il lui disait, merde. ” Et il a tourné avec sa salive. (...)

Et en partant, il lui a crié : “ Fais gaffe, la prochaine fois, je te mettrai le petit Jésus dans la crèche. ” »

S. Caster,
Les Chênes verts, Trévise, B.F.B., 1980

JOUER À VIENS VOIR LE PETIT JÉSUS DANS SA CRÈCHE : *idem.*

« L'un deux était descendu à Arras pour une retraite ecclésiastique et s'était installé peinard dans un hôtel près de la gare, accompagné de deux gonzesses plutôt girondes qu'il faisait passer pour ses nièces. Tu parles ! En fait de nièces, il s'agissait de deux gagneuses délurées avec qui l'ensoutané jouait à " Viens voir le petit Jésus dans sa crèche... " »

Phil & Callens,
Les Aventures épatantes et véridiques de Benoît Broutchoux,
Le Dernier Terrain Vague, 1979

JEU

FAIRE LE JEU CULINAIRE : *coïter.*

« Et puis, si par hasard il vient quelque espion,
Nous lui ferons un signe avec le croupion
Qu'il n'approche de nous, ains qu'il nous laisse faire
Tout à l'aise du corps ce beau jeu culinaire. »

P. Troterel,
Les Corrivaux, 1612

JOUER LE JEU DE L'ESPÈCE : *coïter.*

« Au fond, ce n'est pas d'aujourd'hui que j'ai quitté cette société... (...)

Enfin depuis que la bite de mon père n'est pas descendue en marche une certaine nuit que maman jouait le jeu de l'espèce. »

J. L. Degaudenzi,
Zone, Fixot, 1987

JOINT

ALLER AU JOINT : *coïter (en parlant d'un homme).*

« Je sais bien qu'il n'y a que mon gros cul qui lui ait pas passé dessus mais je m'en cogne, l'important c'est d'aller au joint de temps en temps. »

R. Fallet,
La Grande ceinture, Denoël, 1956

GRUMELER LE JOINT DE CULASSE : *pratiquer le cunnilinctus.*

« Elles raffolent se laisser grumeler le joint de culasse, vu que c'est la spécialité du père Gauguin-Dessort et qu'elles se pratiquent le lapsus, entre elles, pour meubler les temps morts. »

San-Antonio,
On liquide et on s'en va, Fleuve Noir, 1981

JOUFFLU

FLATTER LE JOUFFLU : *caresser le fessier d'une femme.*

« C'est une gadji de seize, dix-sept ans qui sort sur le perron pour venir m'ouvrir. Un vrai poulet de grain, de la blonde authentique avec un balcon bien exposé et le pétrousquin ravageur. Milou devait en faire ses dimanches. Le temps de lui flatter le joufflu en hypocrite, elle m'introduit dans la crèche, et disparaît. »

Z. Cassini,
Mollo sur la joncaille, Fleuve Noir, 1955

JOUJOU

FAIRE JOUJOU : *coïter.*

« Une fois sur place, elle relevait la traîne de sa longue robe sur ses jambons pour que fonde la glace... Ah ! mon petit loup, qu'elle lui susurrait, debout, toi et moi on pourrait faire joujou. Je t'apprendrais des trucs dont t'as pas idée. Je suis sûre que la pomme, tu l'as pas encore croquée ! »

C. Lépidis,
Monsieur Jo, Le Pré-aux-Clercs, 1986

JUDO

APPRENDRE LE JUDO SUR L'OREILLER : *coïter.*

« C'était plus fort qu'eux. Tous les poulets, au passage, lui balançaient un coup de saveur. Elle le méritait. Quelle ligne ! Devait pas s'emmerder, le gniard qui lui apprenait le judo sur l'oreiller ! »

A. Le Breton,
Razzia sur la chnouf, Gallimard, 1954

JUS

JETER SON JUS : *coïter (en parlant d'un homme).*

« Ben qu'a soit la rein' des crâneuses
J'y ai fait du gringu' du rent' dedans,

Malgré mon taffe de croquant,
J'ai j'té mon jus dans c'te ram'neuse. »

H. Chassin,
Machin de Belleville, Radot, 1927

TIRER UN JUS : *pratiquer la fellation.*
« Son coin à la Violette, c'était plutôt vers la balance, derrière le plus gros des piliers, dans la Galerie d'Orléans... Elle prenait pas deux minutes pour tirer un jus... »

L. F. Céline,
Mort à crédit, Denoël & Steele, 1936

LÂCHER LE JUS : *éjaculer.*
« Et puis, baste ! Une fois le jus lâché, un bon somme, la pine encore raide contre leurs fesses. Terminus pour tout le monde. Ou s'en aller poliment sur la pointe des pieds pour ne pas les déranger de leur béatitude épanouie de femme parfaitement ramonée comme il est prouvé qu'elles en ont besoin de temps à autre. »

L. Calaferte,
Septentrion, Cercle du Livre Précieux, 1963

K

KANGOUROU

SE FAIRE ÉCOSSER LE KANGOUROU : *se faire faire une fellation.*

« Je considère que le forestier, c'est fait pour la cueillette des champignons ou pour se faire écosser le kangourou par une petite rurale... »

San-Antonio,
Mange, et tais-toi !, Fleuve Noir, 1966

AVOIR SES KANGOUROUS : *avoir ses règles.*

« Savez-vous que, telle une femme, la société a ses règles, je veux dire ses périodes, ses kangourous, ses petites affaires qui sont régies par la lune ? »

H. Prudon,
Banquise, Fayard, 1981

L

LA

FAIRE LA LA LA : *coïter.*

« Les filles aiment l'Isabelle,
Ventre de biche, ou de pucelle,
Voulant inférer par cela
Qui n'ont jamais fait la la la. »

Sigogne,
La Petite bourgeoise, in *Les Muses gaillardes,* 1609

LAC

DESCENDRE AU LAC : *pratiquer le cunnilinctus.*

« Quand elle le sentit préparé à point (...) elle le fit descendre au lac. E... fit bien d'abord quelque résistance ; mais devant les promesses d'argent et de voluptés nouvelles, il se décida. »

E. Laurent,
Les Habitués des prisons de Paris, 1890

LAIT

PRENDRE DU LAIT EN TUBE : *pratiquer la fellation.*

« Et maintenant on prend le p'tit dèj', moi un joint... et toi du lait en tube. (...) Viens ici bijou j'vais t'mettre ce cigare dans la bouche... »

Gallardo & Mediavilla,
Los Craignos mettent les bouts, adaptation française, Artefact, 1984

LAME

PISSER DES LAMES DE RASOIR : *avoir une blennorragie et souffrir en urinant.*

« Cro-Magnon le lui avait dit : Les premiers jours tu pisses des lames de rasoir. Des lames de rasoir : tout à fait ça ! Peut-être pour ça qu'on fixait des poignées dans les goguenots des wagons ? Se cramponner des deux mains pendant que ça sortait. Ça devait aider. Quelle brûlure ! Les plaisirs de l'amour ! Tu repasseras. »

R. Guérin,
L'Apprenti, Gallimard, 1946

LANGUE

DONNER SA LANGUE AU CHAT : *pratiquer le cunnilinctus.*

« Inès m'annonce qu'elle va jouir, ce dont je me réjouis, car je commençais à fatiguer un peu du filet à force de donner ma langue au chat. »

San-Antonio,
Certaines l'aiment chauve, Fleuve Noir, 1975

FAIRE DES LANGUES FOURRÉES : *donner des baisers, langue en bouche.*

« Il se demandait encore si elle n'avait pas été un peu amoureuse de lui, malgré ses airs, et si ce n'était pas pour ça qu'elle avait refusé de coucher.

Ces langues fourrées qu'elle lui faisait ! »

R. Guérin,
L'Apprenti, Gallimard, 1946

LANGUETTE

CROQUER LA LANGUETTE : *pratiquer le cunnilinctus.*

« Cherche jeune fille 18-20 ans pour faire l'amour à poile (*sic*), de faire 69 et de sucer la moule, de lui croquer la languette jusqu'à l'épuisement... »

Graffiti, Paris, 1974,
in E. Ernest, *Sexe & Graffiti,* A. Moreau, 1979

LARD

(SE) FROTTER LE LARD : *coïter.*

« (...) cette drôlesse de Breloque peut se faire piquer par quelques jeunes et raides cavalcadours, puis faire accroire le tout à ce bon père. Car quoi qu'il dise et qu'il avoue lui avoir frotté son lard, je ne me saurais persuader qu'il ait de la vigueur assez pour procréer. »

Cholières,
Les Après-disnées, 1587

« L'amour ne se fait bien que l'après-midi, mes frères, ne l'oubliez jamais. Onze fois sur dix, l'adultère découle du fait que les époux se fréquentent seulement le soir. Ils s'accouplent mornement, dans les fatigues vespérales, alourdis de boustifaille et de soucis. Ils sont obligés de se forcer. Ah, l'horreur ! L'acte arrive en bout de course, après les harassantes péripéties d'une journée accablante et turpide. Ils s'accouplent parce qu'ils sont là " pour ça ", mariés pour ça, et que c'est leur devoir ! Le devoir de se frotter le lard sans en avoir envie ! »

San-Antonio,
Appelez-moi chérie !, Fleuve Noir, 1972

METTRE DU LARD EN BOUTANCHE : *coïter (en parlant d'un homme).*

« Il s'était mis dans l'idée de mettre du lard en boutanche avec sa Junon, mais comme elle était bridée dans l'fauteuil, pas questioune, à moins de se taper une petite Duc-d'Aumale, ce qui entrait pas dans les goûts de Jupiter, plutôt habitué à prendre des postures divines mais confortables. »

P. Devaux,
Les Dieux verts, Éditions de la Nouvelle Revue Critique, 1943

LÉGUME

PERDRE SES LÉGUMES : *déféquer involontairement (en parlant d'un homosexuel ou d'une femme se prêtant habituellement et depuis longtemps au coït anal).*

« L'autre jour, la femme d'Alphonse
Me dit : " C'mec-là, y m'défonce :
Il a un vit comme un mulet.
Quand y va dans la Rue aux Pets
On dirait qu'il pousse une enclume ;
J'vais finir par perdre mes légumes. " »

Madame Armandine,
in *Anthologie hospitalière et latinesque,* 1911-1913

LENTILLE

ÉPLUCHER DES LENTILLES : *pratiquer le cunnilinctus ou l'anilinctus (en parlant d'une lesbienne).*

« Tribade avec le cotillon,
Je sais éplucher des lentilles ;
Je sais faire le postillon
Aux garçons comme aux jeunes filles. »

Chanson anonyme, in *Le Parnasse satyrique du XIXe siècle,* 1864

LEVRETTE

FOUTRE, ENFILER, BAISER EN LEVRETTE : *coïter à la manière des chiens, l'homme se plaçant derrière la femme qui se tient, le plus souvent, à quatre pattes.*

« Brisemotte, enragé, se jeta sur Rosemauve, qui ne s'y attendait pas, et la foutit en levrette avec tant de brutalité qu'il la fit crier autant de douleur que de plaisir. »

N. E. Restif de La Bretonne,
L'Anti-Justine, 1798

« Sur ces entrefaites, le brave Zamor, de retour après un moment d'absence, voit, sous un nouvel aspect, sa désirée Marquise, qui, sa superbe croupe en l'air, aurait séduit le sage Adolph lui-même. Zamor, que tant de succès autorisent bien sans doute à risquer d'être insolent, feint de vouloir enfiler la divine en levrette ; il est souffert sur ce pied : mais crac, il hausse en glissant le long de la boutonnière, et pousse, à la Jésuite, avec assez de succès, pour que l'œillet soit pris avant qu'on puisse le lui disputer... »

A. R. Andrea de Nerciat,
Le Diable au corps, 1803

« Cornaboeux ordonna à la belle brune d'écarter les cuisses. Il eut beaucoup de peine à l'enfiler en levrette. Elle souffrit beaucoup mais stoïquement, ne lâchant pas la pine de la Chaloupe qu'elle suçait. Quand Cornaboeux eut bien pris possession du con de Culculine, il lui fit lever le bras droit et lui mordilla le poil des aisselles où elle avait une touffe très épaisse. Quand la jouissance arriva, elle fut si forte que Culculine s'évanouit en mordant violemment la bitte de la Chaloupe. »

G. Apollinaire,
Les Onze mille verges, 1907, L'Or du Temps, 1970.

« Il y a encore le téton mamelle, pointu, orgiaque, canaille, fait comme une gourde de jardinier à mettre des graines, mince de base, allongé, gros du bout. C'est celui de la femme que l'on baise en levrette, toute nue, devant une vieille psyché en acajou plaqué. »

G. Flaubert,
Correspondance 1830-1851, Gallimard, 1973

LÉVRIER

LE FAIRE EN LÉVRIER : *coïter à la manière des chiens, « en levrette ».*

« Ensuite de quoi il me baisa, des baisers il vint aux attouchements et des attouchements à me mettre le vit au con, et me le fit encore une fois en lévrier, le con derrière. »

M. Millot,
L'Escole des filles ou la philosophie des dames, 1655

LIMACE

DÉGORGER SA LIMACE : *coïter (en parlant d'un homme).*

« Bien qu'en toi sa limace ait été dégorgée,
Pour toi je bande encore... »

L. Protat, in A. Delvau,
Dictionnaire érotique moderne, 1864

LISETTE

FAIRE LISETTE : *coïter.*

« Ce Bérenger, qui n'aime pas qu'on fasse un brin Lisette, n'est pas pour nous satisfaire et combien nous lui préférons celui dont la grand'mère regrettait sa jambe bien faite et le temps perdu. »

M. Donnay, in A. Bruant,
L'Argot au xxe siècle, Flammarion, 1901

LOUISEUR

PASSER LA MIMINE SUR LE LOUISEUR : *caresser le fessier d'une femme.*

« T'es vraiment pas nave, ma petite frangipane chérie ! fit Bagah en bisant Rhuta et en y passant la mimine sur le louiseur. »

P. Devaux,
Le Livre des darons sacrés, Éditions L'Humour des Temps, 1960

LOUP

VOIR PÉTER LE LOUP SUR LA PIERRE DE BOIS : *perdre sa virginité.*

« On dit des filles qu'on ne croit plus pucelles et qu'on suppose avoir connu l'amour, qu'elles ont vu péter le loup sur la pierre de bois. »

M. Fombeure,
Manille coinchée, Éditions de la Fenêtre Ouverte, 1943

LOUPIOT

AVOIR UN LOUPIOT AU CHAUD : *être enceinte.*

« La mère scrute désespérément le fond de la lessiveuse. " Où t'as planqué tes cravates à Charlot, salope ? " " T'alarme pas la mère et crie pas surtout ! " " J'ai juste un loupiot au chaud ! " »

J. Cordelier,
La Dérobade, Hachette, 1976

LUC

JOUER DU LUC RENVERSÉ : *coïter (en parlant d'une femme).*

« On y peut ajuster une joueuse de luc, qui jouait aussi du luc renversé. »

Tabourot,
Les Bigarrures, 1572

« Elle entend encore la manière de jouer à cache-cache le si-tulas, et du luc renversé. On dit qu'en travaillant en linge elle a émoussé en sa jeunesse plus de cinq cents aiguilles naturelles. »

La Responce de Guerin à Me Guillaume, 1612

LUNE

SE FAIRE TAPER DANS LA LUNE : *se faire sodomiser (en parlant d'un homosexuel).*

« L'insulte la plus grave parmi les durs — elle se punit de mort très souvent — c'est le mot " enculé ", et Bulkaen avait choisi d'être cela justement qui est désigné par le mot le plus infâme. Il avait même décidé que le plus particulier, le plus précieux de sa vie serait cela, puisqu'en Centrale il était d'abord, avant toute chose, avant que d'être un casseur, un camarade, un " gars régul " — et bien qu'il fût tout cela — il était d'abord " un mec qui s' fait taper dans la lune ". »

J. Genet,
Miracle de la rose, 1943
in *Œuvres complètes,* Gallimard, 1951

« Après la guerre de 14-18 elle avait même servi chez un de nos glorieux généraux, père de huit enfants, ce qui ne l'empêchait pas d'en être comme une princesse de pissotière ! Il se faisait taper dans la lune, ce vainqueur de je ne sais quelle cote 112... 327, surtout par ses ordonnances qu'il choisissait parmi les plus athlétiques tirailleurs sénégalais. »

A. Boudard,
Les Combattants du petit bonheur, La Table Ronde, 1977

TAPER DANS LA LUNE : *sodomiser (une femme).*

« Là, j'ai vu tout de suite pourquoi Robert l'avait choisie, because le popotin. (...) Lui l'avait visé aussitôt. Il devait avoir envie, tel que je le connaissais, de lui taper dans la lune, parce qu'en dehors du trou qui pète, les autres l'indifféraient totalement. »

M. Raphaël,
Ainsi soit-il, Éditions du Scorpion, 1947

SE FAIRE DORER LA LUNE : *se faire sodomiser (en parlant d'un homosexuel).*

« Se faire enculer par un patron de bordel ! Sale petit con ! Et ça crâne, encore. Ça se fait dorer la lune et ça se donne pour un caïd. J'ai bonne mine, moi, avec un frangin qui en prend plein le cul. »

J. Genet,
Querelle de Brest, 1947
in *Œuvres complètes,* Gallimard, 1953

LUZERNE

BROUTER LA LUZERNE : *pratiquer le cunnilinctus.*

« J' pris à sa place un paysan
Qui sait bien travailler la terre :
C'est un grand garçon à l'œil terne,
De plus, bête à manger du foin !
J' lui fais brouter tout' ma luzerne,
J' lui fais boulotter mon sainfoin. »

E. Codey,
Luzerne et Sainfoin, chanson, 1908
in *Fascination,* n° 12, 1981

M

MAM'ZELLE

CONNAÎTRE MAM'ZELLE BIBI : *être homosexuel.*

« À Biribi, c'est là qu'on râle
On râle en rut,
La nuit on entend hurler l' mâle
Qu'aurait pas cru
Qu'un jour i' s'rait forcé d' connaître
Mam'zelle Bibi,
Car tôt ou tard i' faut en être,
À Biribi. »

A. Bruant,
À Biribi, in *Chansons et monologues,* 1896-1897

MANCHE

S'ASTIQUER LE MANCHE : *se masturber.*

« Fêtes et dimanches,
Je m'astique le manche :
Vaut-il pas mieux s'astiquer l' nœud
Que d'attraper mal à la queue ? »

Si ma pine fait triste mine, chanson,
in *Anthologie hospitalière et latinesque,* 1911-1913

METTRE LE MANCHE EN VRILLE : *surexciter le pénis.*

« Un soir où je me trouvais chez elle, Élisabeth sortie justement, je me la suis cognée, la Laurence une occase de tremper son biscuit, ça se refuse jamais.

Pardon, Madame Jules, quelle histoire. Au début ça allait, elle était bien baiseuse, bien jouisseuse, avec un coup de reins tout ce qu'il y a de délicat. Elle vous mettait le manche en vrille. Seulement, minute, pas question d'arrêter les frais après quelques cabrioles. Jamais. »

M. Raphaël,
Ainsi soit-il, Éditions du Scorpion, 1947

SE FAIRE LUSTRER LE MANCHE : *se faire faire une fellation.*
« Et Gary se fait lustrer le manche pendant que les filles se préparent à se faire percer. »

Dirty comics 2, Éditions Transit, 1979

MANCHETTE

ÊTRE DE LA MANCHETTE : *être un adepte de la sodomie, être homosexuel.*

« ... Et mille gens m'ont dit qu'il n'aimait pas le con ;
Au contraire, on m'a dit qu'il est de la manchette,
Et que, faisant semblant de le mettre en levrette,
Le drôle en vous parlant toujours du grand chemin,
Comme s'il se trompait, enfilait le voisin. »

R. de Bussy-Rabutin,
XVIIe siècle, in J. Choux : *Le Petit citateur,* 1869

MANDOLINE

JOUER DE LA MANDOLINE : *se masturber (en parlant d'une femme).*
« C'est vicieux, quand elle ronfle seule, toute la nuit, elle joue de la mandoline. »

G. Montho,
Le Vrai Milieu, Mignolet & Storz, 1934

MANDRIN

SE FAIRE RÉVISER LE MANDRIN : *coïter (en parlant d'un homme).*
« J'our Mam'zelle. Paraît qu'ici on peut s' faire réviser le mandrin. »

Dirty comics 1, Éditions Transit, 1978

MANIVELLE

DÉMARRER À LA MANIVELLE : *exciter manuellement le pénis pour le mettre en érection.*

« Sa Madame toute neuve attendait son taf de vertige, mais tout ce qu'il lui a joué, c'est un solo de ronflette. C'est triste pour une nuit de noce, non ? La pauvrette a bien essayé de se prodiguer et de le démarrer à la manivelle, mais il avait les bougies trop encrassées pour que la carburation se fisse. »

San-Antonio,
Le Standinge selon Bérurier, Fleuve Noir, 1965

S'ACHEVER À LA MANIVELLE : *se masturber.*

« Toutes ses nuits, il finissait par les passer à l'écoute ou à l'observatoire. Ensuite, il s'achevait à la manivelle. »

R. Guérin,
La Main passe, Éditions du Scorpion, 1947

MARCHANDISE

ENVOYER LA MARCHANDISE : *éjaculer.*

« Elle me regarde tout en officiant. Mais elle doit pas me voir. C'est qu'elle peut pas tourner ses yeux autre part... (...) J'ai pas cherché à faire durer. Envoyé très vite la marchandise... »

J. L. Degaudenzi,
Zone, Fixot, 1987

MARCHE

SAUTER EN MARCHE : *pratiquer le coït interrompu.*

« Jean-Paul a envie d'avoir des enfants très vite. Ça fait quatre ans qu'il saute en marche, je le comprends. »

J. Cordelier,
La Dérobade, Hachette, 1976

DESCENDRE EN MARCHE : *idem.*

« Depuis que son vieux, un sacré saint-esprit, celui-là, dans le genre courant d'air, l'avait oublié de descendre en marche un jour qu'y sautait Bénédicte, sa mère, douze ou treize carats en arrière... »

J. L. Degaudenzi,
La Lamentable épopée de Doris et Alexandre, Fixot, 1990

MARCHÉ

ÊTRE PORTÉ(E) SUR LE MARCHÉ COMMUN : *être un(e) adepte des rapports sexuels en groupe et de l'échangisme, aimer les partouzes.*

« C'est le peloti-pelota en chambre. (...) L'étourdissement s'empare. Ils chavirent dans le patin intense. (...) La partouzette adolescente. C'est notoire, maintenant, comment qu'ils sont portés sur le marché commun, les jeunes. Le libre-échange, ils sont pour. À bloc ! »

San-Antonio,
Le Standinge selon Bérurier, Fleuve Noir, 1965

MARMITE

RENVERSER LA MARMITE : *coïter (en parlant d'un homme).*

« Un connard il est de pas s'être souvenu du jour de relâche de ce Manga, et un joli dégueulasse de plus il s'est montré en renversant la marmite avec cette greluche de rencontre ! Volé comme dans un bois par cette pétasse il a été... et il méritait rien d'autre. Comme si c'était ça l'amour ! »

A. Simonin,
Du Mouron pour les petits oiseaux, Gallimard, 1960

MARMOT

CROQUER LE MARMOT : *sucer le pénis pour le mettre en érection.*

« Le dîner a été simple mais confortable, et la nuit idem. Moi, je me sentais un peu fatigué mais Éliane était excitée comme un morpion sur une vieille chatte et elle a entrepris de me croquer le marmot jusqu'à ce que réveil s'ensuive. Inévitable !

Elle s'est collée à genoux la tête dans l'oreiller, sa position favorite. Elle avait gardé son slip " arachnéen ", comme on dit dans les romans, gonflé par sa jolie cramouille et trempé comme une soupe, pour me donner le plaisir de l'enlever. »

A. Boudard & P. Fortier,
Je me suis fait la belle..., M. Lafon, 1988

MARMOTTE

FENDRE LA MARMOTTE : *coïter (en parlant d'un homme).*

« J'ai vu mon père un jour qu'il venait de caresser ma sœur, la belle Marie qui partait pour Paris, courir sur ta mère, sa grosse broche bien raide, et lui fendre la marmotte. Je vais te montrer, tu feras comme lui. »

N. E. Restif de La Bretonne,
L'Anti-Justine, 1798

MARSOUIN

FAIRE DRESSER LE MARSOUIN : *mettre en érection.*

« Veux-tu baiser en levrette,
Sur le plumard, la table de nuit, dans la cuvette ?
Soit debout, soit sur une chaise,
Nous nous aim'rons à notre aise.
Je te f'rai, ma p'tite poulette,
Feuille de rose, soixante-neuf ou bien minette ;
Je te pelot'rai les seins,
Pour me faire dresser l' marsouin. »

L'Anglaise, chanson,
in *Anthologie hospitalière et latinesque,* 1911-1913

MARTEAU

FAIRE DÉMARRER SON MARTEAU PIQUEUR DANS LA TRANCHÉE : *introduire le pénis dans le vagin.*

« Il pète, grogne, gémit, mais parvient enfin à faire démarrer son marteau piqueur dans la tranchée de la dame. Nous n'en sommes qu'aux préliminaires... »

Dirty comics 1, Éditions Transit, 1978

MASTIC

S'ENDORMIR SUR LE MASTIC : *coïter en prenant tout son temps (en parlant d'un homme).*

« Vois-tu, quand ton sang est plus fort que celui de la femme t'as rien à craindre. Et puis aussi faut pas s'endormir sur le mastic. Y en a qui s'amusent à limer, à limer. Moi, quand c'est une poule que je ne connais pas, c'est vite réglé. En deux temps, trois mouvements, comme les petits oiseaux. Et hop, à la cuvette. »

M. Fombeure,
Soldat, Gallimard, 1935

MÂT

PLANTER LE GRAND MÂT DANS LA COQUE : *coïter (en parlant d'un homme).*

« C'est (ce corps de fille) un joli navire
(...)
Il lui manque une chose,
Il lui manque un grand mât.
(...)
Plante-lui dans la coque
Le grand mât qu'on lui plaint. »

J. Richepin,
La Mer, 1886

SE POLIR LE MÂT DE COCAGNE : *se masturber.*

« Il se pistonne avec frénésie ! Polit son mât de cocagne avec une ardeur stupéfiante. »

P. Damaisin,
L'Épornopée, J. J. Pauvert, 1972

MATOU

SE FAIRE GRAISSER LE MATOU : *coïter (en parlant d'une femme).*

« Qu'est-ce qu'elle venait foutre, la Nouvelle, dans cette Babel misérable ? Travailler pour le grand Reich, contribuer à la lutte contre le “ bolchévismus ” ou se faire graisser le matou ? »

R. Cantel,
Rien que des hommes, Le Club Français du Livre, 1954

MATRAQUE

PRENDRE LA MATRAQUE : *être en érection.*

« Physiologique et incontrôlable phénomène, le pauvre mec, à se régaler les châsses sur ce petit sujet, a pris la matraque de malfaiteur ; relief que la robe de chambre accuse perfidement. »

A. Simonin,
L'Élégant, Gallimard, 1973

MÈCHE

TREMPER SA MÈCHE : *coïter (en parlant d'un homme).*

« Regarde Mallard, il est séminariste, il n'en fait pas tout un plat, ça ne l'empêche pas de boire et d'aller tremper sa mèche à Perrégaux comme tout le monde. »

Y. Queffélec,
Le Charme noir, Gallimard, 1983

MÉDAILLE

TOURNER LA MÉDAILLE : *se prêter au coït anal (en parlant d'une prostituée notamment).*

« La première espèce, et la moins coupable, est composée de ceux qui enculent des putains qui font le métier de tourner la médaille, expression consacrée pour exprimer le parti qu'elles prennent lorsque la vieillesse ou le défaut de charmer leur ôte le moyen de subsister, et, faisant loyalement le commerce, ce sont des contrebandières de la fouterie. »

N. E. Restif de La Bretonne,
Dom-Bougre aux États-Généraux
ou *Doléances du Portier des Chartreux,* 1789

RETOURNER LA MÉDAILLE : *sodomiser une femme après avoir pratiqué le coït vaginal.*

« Chacune des trois belles fut foutue deux fois en con. Ensuite, comme de concert, les trois bougres retournèrent la médaille. Toutes trois avaient leur pucelage de cul. Ma marchande crut qu'on allait le lui mettre en levrette, mais les deux autres ne s'attendaient à rien. On leur perça le cul à toutes trois au même instant... »

N. E. Restif de La Bretonne,
L'Anti-Justine, 1798

MÉDOR

FAIRE SORTIR MÉDOR DE SA NICHE : *mettre en érection.*

« M'était arrivé de calcer des dames plus très présentables, avec du carat, parfois des vergetures navrantes et de la gerbante cellulite, mais une aïeule belle comme un vieux fagot, que non pas. C'était une sinistre perspective. Rien que d'envisager, t'avais les burnes qui flétrissaient et le bigornuche en absolue recroquevillance. Pour le faire sortir de sa niche, Médor, tu pouvais toujours siffler ! »

San-Antonio,
Dégustez, gourmandes !, Fleuve Noir, 1985

MENOTTE

SE FAIRE MENOTTE : *se masturber (en parlant d'une femme ou d'un homme).*

« Lou, encore une fois je veux que tu ne te fasses pas menotte trop souvent. Je vais être jaloux de ton doigt. Je veux que tu me dises quand tu t'es fait menotte et que tu résistes un peu. »

G. Apollinaire,
Lettres à Lou 1914-1916, Gallimard, 1970

« Si ça continue, je me demande si je ne serai pas obligé de me faire menotte moi aussi en ton honneur. »

Ibidem

MIDI

MARQUER MIDI : *avoir une forte érection, être au plus fort de son érection.*

« Dans son langage nous trouverons ces expressions : (...) " ... Dis donc, poupée, je marque midi... " (...), etc., expressions qui n'étaient jamais prononcées d'une façon claire, mais plutôt murmurées d'une voix un peu sourde, et comme en dedans, sans les voir. »

J. Genet,
Querelle de Brest, 1947,
in *Œuvres Complètes,* Gallimard, 1953

« Aucun problème pour me faire bander. Quand ça marque midi, elle se la prend dans la bouche et entreprend systématiquement une bouffarde à peine moins que professionnelle... »

J. L. Degaudenzi,
Zone, Fixot, 1987

MIEL

MONTER AU MIEL : *coïter.*

« J' sais pas ce que j'ai, mais je monterais bien au miel ! Qu'est-ce t'en dis ! On va voir les filles, garçon ? »

Golo & Frank,
Le Bonheur dans le crime, Futuropolis, 1982

MILLE-FEUILLE

AVOIR LE MILLE-FEUILLE EN FOLIE : *être sexuellement surexcitée.*

« C'est pas comme ça que tu te tricoteras une réputation en inox. Je dirai partout que t'as le millefeuille en folie. Et on me croira. »

J. Vautrin,
Bloody Mary, Mazarine, 1979

SE CARESSER LE MILLE-FEUILLE : *se masturber (en parlant d'une femme).*

« Une gonzesse cananéenne avait une donzelle qu'avait le diable au cul. Elle se pointa devant la lourde pour voir Juju. Elle braillait : " Gniard de David, y a ma drôlesse qu'est possédée, elle arrête pas de se caresser le mille-feuilles *(sic)* du matin au soir, fait quelque chose avant qu'elle soit sourde, ça t'évitera un autre miracle ! " »

J. M. Keurbé & M. Thiégurel,
Les Évangiles en argot, Éditions S.V.P., 1989

MIMI

FAIRE MIMI : *pratiquer le cunnilinctus.*

« Le moment me semble choisi,
La faridondaine, la faridondon,
Pour dire comme on fait mimi,
Biribi,
À la façon des Internes
Du midi. »

Chanson des Internes du Midi,
in *Anthologie hospitalière et latinesque,* 1911-1913

« — Mais oui..., fit-il, lèche-la comme je te fis mimi ; puis, tu le suceras... tout doucement, en l'enfonçant le plus que tu pourras dans la bouche ! »

P. du Bourdel,
Mademoiselle de Mustelle et ses amies, J. Fort, 1911

MINET

FAIRE MINET : *pratiquer le cunnilinctus.*

« Te souvient-il de ta sœur Luce,
Qui me branlotait le prépuce,

Pendant que toi tu lui mettais,
En puce,
Ta langue au con et lui faisais
Minet ? »

Les Souvenirs, in *Anthologie hospitalière et latinesque,* 1911-1913

MINETTE

FAIRE MINETTE : *pratiquer le cunnilinctus ; pratiquer la fellation.*

« Fait-il, ce bourgeois honnête,
Bien minette,
Et le sauras-tu garder ?
A-t-il dans sa vieille queue,
Noire et bleue,
Assez de nerf pour bander ? »

A. Glatigny,
Joyeusetés galantes, 1866

« Ma femme me fit reprendre place dans le fauteuil, et j'assistai aux ébats de deux tribades qui, fiévreusement, jouirent en sifflant, en bavant. Elles se firent minette, se branlèrent sur la cuisse l'une de l'autre, et je voyais le cul de la jeune Ninette, gros et ferme, se soulever au-dessus de ma femme dont les yeux étaient noyés de volupté. »

G. Apollinaire,
Les Onze mille verges, 1907, L'Or du Temps, 1970

« Elle a l'étrange goût
Qu'on la foute en levrette,
Elle vous fait minette
Et puis avale tout. »

J. Duflot, in A. Delvau,
Dictionnaire érotique moderne, 1864

Dans les transports d'une ivresse complète,
« Tu me disais : “ Si tu veux, cher amant,
Je vais te faire une belle minette. ”
Plaisir divin dont j'étais ignorant ! »

Valse des adieux,
in *Anthologie hospitalière et latinesque,* 1911-1913

MINON

FAIRE MINON-MINETTE : *pratiquer le cunnilinctus.*

« Comment, mamie, ça s'appelle, quand on branle avec la langue ?
Faire minon-minette.
Je t'ai fait minon-minette !
Tu me le feras encore ? »

H. Monnier,
Les Deux gougnottes, 1864

MINOU

MORGANER LE MINOU : *pratiquer le cunnilinctus.*

« Lui, chez qui le désir se nuance d'une obscure dévotion à la beauté, il la veut découvrir son Irène, charme après charme procéder au décarpillage, lui morganer le minou, en hommage. Doucement, l'attirant par la pointe durcie des doudounes, il l'entraîne, paupières closes, dans la chambre. »

A. Simonin,
L'Élégant, Gallimard, 1973

BROUTER LE MINOU : *idem.*

« Norbert, lui, très franchement, il m'avoue qu'il est plutôt blasé question partouze ! Cynthia qui commence à turluter Léonard tandis que celui-ci broute le minou de Lisa, il a déjà borgnoté ça mille et une fois en mille et une nuits de débauche ! »

A. Boudard,
Les Enfants de chœur, Flammarion, 1982

TARAUDER LE MINOU : *coïter (en parlant d'un homme).*

« On s'était calmé les ardeurs sexuelles que vers trois quatre heures du matin. La fiesta dans le plumard... les régates du trou du cul... un feu, passez-moi ce vilain jeu de mots, d'artifesses. J'avais la rage... une soif de me venger de tout ce qu'elle m'avait fait lanterner... le temps perdu, moi, je le recherchais en lui taraudant le minou ! »

A. Boudard,
Le Café du pauvre, La Table Ronde, 1983

MINOUCHE

FAIRE MINOUCHE : *pratiquer le cunnilinctus.*

« La patronne fait minouche à la bonne, seulement voilà que deux déménageurs arrivent pour livrer un piano, et alors ça tourne cosaque ; magine-toi qu'ils plongent dans la mêlée avec des gourdins gros comme le bras ; bientôt, on n'sait plus qui est qui. »

San-Antonio,
Fais pas dans le porno..., Fleuve Noir, 1986

MIRLITON

JOUER DU MIRLITON : *coïter.*

« Ce soir, ma ménagère
Trouvant que j'rentrais tard,
J'lui dis : Écout', ma chère,
J'apport' pour le moutard
Un joli p'tit mirlitire,
Un charmant p'tit mirliton.
Là-d'sus, se mettant à rire,
Ma femm', qui change de ton,
Veut jouer du mirlitire,
Veut jouer du mirliton,
Veut jouer du mir, du li, du ton,
Du mirliton ! »

Le Mirliton, in H. France,
Dictionnaire de la langue verte, Librairie du Progrès, 1907

PORTER UN MIRLITON DANS LE TIROIR : *être enceinte.*

« C'est par la puissance du Saint-Esprit qu'elle porte un mirliton dans le tiroir. Aucun mec n'a mis la paluche sur elle, j'te l'jure. »

J. M. Keurbé & M. Thiégurel,
Les Évangiles en argot, Éditions S.V.P., 1989

MOHICAN

SCALPER LE MOHICAN : *pratiquer la fellation.*

« Pour sept ou huit francs, prix encor' modeste ;
On peut s'faire, en plus, scalper l'mohican

Et prendre un billet d'retour s'il en reste :
Prix encor modeste, pour sept ou huit francs. »

La Pierreuse consciencieuse, chanson,
in *Anthologie hospitalière et latinesque,* 1911-1913

« Le taillage de plume est un Art essentiellement français. (...) La synonymie est extrêmement riche, et, (...), nous ne citerons parmi les synonymes que les plus importants. Les potaches, amateurs de sucre d'orge, emploient le terme très défectueux de " sucer "; le bourgeois dit " travailler "; le colonial, " scalper le Mohican ". »

F. Carabin,
Traité didactique de la Plume, 1915,
in G. Legman,
Oragénitalisme, Truong, 1970

MOINEAU

LOGER LE MOINEAU : *coïter.*

« Je lui demandai, bergère,
Veux-tu loger mon moineau ? »

Le Parnasse des muses, 1633

METTRE LE MOINEAU EN CAGE : *idem.*

« Ma chère amie, je n'aurai jamais le fouet que de ta main, comme tu ne l'auras jamais que de la mienne. Mais nous perdons là le temps et nous avons de si bonnes choses à faire ! Ouvre... ouvre les cuisses, prends ton moineau, mets-le cage. »

A. J. Le Riche de La Popelinière,
Tableaux des mœurs du temps dans les différents âges de la vie, 1750

FAIRE MOINEAU : *coïter (en hôtel de passe).*

« Voilà les clefs du 8, du 13 et du 15 qui sont libres. Si on vient pour " faire moineau ", encaissez vos cinq francs avant de remettre la clef... Avant-hier, les deux clients du 9 ont failli se débiner au petit jour sans payer... »

M. Dekobra,
Minuit... place Pigalle, Cosmopolite, 1923

MONICHETTE

DÉGUSTER LA MONICHETTE : *pratiquer le cunnilinctus.*

« Elle dételle fiévreusement, tandis qu'il lui déguste la monichette pour lui entretenir le sensoriel pendant qu'elle ôte ses harnais. »

San-Antonio,
Si, Signore !, Fleuve Noir, 1974

MONTE

JOUER MONTE-LÀ-DESSUS : *coïter.*

« Tout jeunot, y a le radada qui se met à vous asticoter la membrane. Le moment arrive, fatal, où que l'adolescent commence à en avoir classe des joyeux services de la veuve Paluche et où qu'il aimerait bien jouer Monte-là-dessus pour de bon. »

San-Antonio,
Le Standinge selon Bérurier, Fleuve Noir, 1965

MOQUETTE

BROUTER LA MOQUETTE : *pratiquer le cunnilinctus.*

« Quelle est votre spécialité favorite en amour ?
Serge Gainsbourg : “ Brouter la moquette. ” »

Rock & Folk, septembre 1985

MOT

DIRE DEUX MOTS : *coïter.*

« Putain, la gonzesse sur l'affiche du ciné, j'lui dirais bien deux mots, tu vois ? »

Sapho,
Ils préféraient la lune, Ramsay, 1986

MOTTE

BRANDOUILLER LA MOTTE : *masturber (une femme).*

« Plus d'une fois, une main sous ta cotte,
Tandis que l'autre écartait ton fichu,
Je caressais et brandouillais ta motte...
Dis-moi, Marton, dis-moi, t'en souviens-tu ?... »

Chanson anonyme, in J. Choux,
Le Petit citateur, 1869

S'ASTICOTER LA MOTTE : *se masturber (en parlant d'une femme).*

« Un jour, la sœur Javotte
S'asticotait la motte
Avec une carotte
Grosse comme le bras. »

Le Cordonnier Pamphile, chanson,
in *Anthologie hospitalière et latinesque,* 1911-1913

MOU

AVOIR DU MOU DE VEAU DANS LE CAL(LE)BARD : *être impuissant.*

« Sans ambition particulière, mais avec la visible passion d'un artiste amoureux de la femme, il photographia de même. Si vous ne trouvez pas le résultat plus bandant que toutes les hamiltonneries du monde, c'est que vous avez vraiment du mou de veau dans le callebard ! »

C. Dubosc,
in *Fascination* n° 20, 1983

AVOIR DU MOU DANS LA BRANCHE : *avoir une faible érection.*

« Et alors, petit con, on fait moins le fier maintenant !... On a du mou dans la branche ? »

Marcele & Cothias,
Le Signe du taureau, in *Circus* n° 98, 1986

MOUCHE

ATTRAPER LES MOUCHES : *rester impassible, penser à autre chose en coïtant (en parlant d'une femme, ou d'une prostituée).*

« Grande poire, j'aime mieux attraper les mouches que de les lâcher à un maquereau qui me fait des paillons et se fout de ma gueule par-derrière ! »

J. Galtier-Boissière,
La Bonne vie, Grasset, 1925

MOUCHOIR

ÉTERNUER DANS SON MOUCHOIR : *pratiquer le coït interrompu.*

« L'aimerait fourrer un peu à tête de nœud reposée ; pas toujours opérer la cabriole de la truite avant de disjoncter pour s'éviter un chiare de mieux !

Éternuer dans son mouchoir, c'est p't'être plus poli, mais ça t'éponge pas franchement le glandulaire. »

San-Antonio,
Chauds, les lapins !, Fleuve Noir, 1986

MOUILLETTE

METTRE SA MOUILLETTE DANS LE COQUETIER : *coïter (en parlant d'un homme).*

« Un honnête homme était réprimandé,
Pour ce qu'après avoir mis sa mouillette
Dans le coquetier mal gardé
De je ne sais quelle fillette
Troussant volontiers ses jupons,
Il avait dévoré ses fils, comme Saturne,
Et mis sa lèvre aux bords chauds de cette urne
D'où l'amour lance ses harpons. »

A. Glatigny,
Joyeusetés galantes, 1866

TREMPER SA MOUILLETTE DANS SON ŒUF À LA COQUE : *sodomiser (un jeune garçon).*

« — Que signifie, demanda Mony, cette phrase que m'a dite le portier : " Le général est en train de tremper sa mouillette dans son œuf à la coque " ?

— Regarde, répondit Hélène, et par une porte entrouverte qui laissait voir dans le cabinet de travail du général, Mony aperçut son chef debout et en train d'enculer un petit garçon charmant. »

G. Apollinaire,
Les Onze mille verges, 1907, L'Or du Temps, 1970

MOULE

SE FAIRE ASTICOTER LA MOULE : *coïter (en parlant d'une femme).*

« Ferme ça, ou je t'étrangle, daubée, morue, connasse avariée. Ta merde, elle m'a fait dégueuler. Ça m'a purgé de toi, de ta fraise en chaleur... Tu as tout du chimpanzé... Va te faire asticoter la moule par les bics, pommée ! »

M. Raphaël,
Ainsi soit-il, Éditions du Scorpion, 1947

FAIRE BÂILLER LA MOULE : *exciter sexuellement une femme.*
« — Vous fouteriez-vous de ma gueule, espèce de sale petite crevure de flic ? me demande-t-il avec un brûle-pourpoint qui ferait bâiller la moule d'une joueuse d'harmonium sexagénaire. »

San-Antonio,
Vol au-dessus d'un lit de cocu, Fleuve Noir, 1978

MOULINET

AVOIR LE MOULINET : *être en érection.*
« — Papa qui a le moulinet ! se faisait-il en se poilant comme un plat de gaufres. J'vas aller chercher mes deux frangins Sem et Japhet pour qu'ils s'marrent à leur tour ! »

P. Devaux,
Le Livre des darons sacrés, Éditions L'Humour des Temps, 1960

MOUMOUR

FAIRE MOUMOUR : *coïter.*
« — Comment ! Demain matin ! Eh bien ! et faire moumour ?
— Moumour ! Ah ! dis, pas six fois, t'es trop exigeant, hurla Nénette, dont le premier somme avait un peu brouillé les idées et qui mêlait ses souvenirs de la soirée.
— Qu'est-ce que tu parles de six fois, tu es folle, ma parole ! Je ne t'ai pas seulement encore touchée ! »

J. Galtier-Boissière,
La Bonne vie, Grasset, 1925

MOUTARD

AVOIR UN MOUTARD DANS LE BURLINGUE : *être enceinte.*
« La Portugaise a trois moutards dans les jambes, un quatrième dans le burlingue, et douze autres en attente dans les roustons de son Vasco de Gama. »

San-Antonio
Si ma tante en avait, Fleuve Noir, 1978

MULET

SANGLER LE MULET : *coïter.*

« Alléchez mon homme de chambre,
Car il porte un assez beau membre
Pour bien sangler votre mulet. »

C. d'Esternod,
L'Espadon satyrique, 1619

MUNITION

ÉPUISER SES MUNITIONS : *coïter excessivement avec une femme et perdre ses moyens pour en satisfaire une autre.*

« Oui... pourquoi commettre cette imprudence de contenter ma femme, quand Urinette m'attendait ?...

En style de guerre, cela s'appelle épuiser ses munitions !... »

Lemercier de Neuville,
Un caprice, in *Le Théâtre érotique de la rue de la Santé,* 1864-1866

MUSEAU

SE FAIRE POISSER LE MUSEAU DE TANCHE : *coïter (en parlant d'une femme).*

« Par un hasard extraordinaire, toutes les Vénitiennes furent vertueuses ce soir-là, ou, ce qui est plus naturel, toutes étaient en train de foutre et n'ont pas voulu faire déconner leur amant pour se faire poisser le museau de tanche par de vils étrangers. »

T. Gautier,
Lettre à la Présidente, Voyage d'Italie, 1850

MUSIQUE

JOUER DE LA MUSIQUE : *coïter (en parlant d'un homme).*

« Mais sache donc, bon couillon, me dit le chirurgien entre deux hoquets, que depuis deux ans Mazé ne pouvait plus jouer de musique à sa femme en raison d'une tumeur maligne qui nous avait obligés à lui enlever le sac à biniou, et le chalumeau avec ! »

T. Malmanche,
Kou le Corbeau, Librairie Celtique, 1946

N

NATURE

SE SUCER LA NATURE EN SIX ET NEUF : *pratiquer conjointement le cunnilinctus et la fellation, « faire soixante-neuf ».*

« Se sucer la pomme c'est l'invite à se sucer la nature en six et neuf et mélanger ses salives c'est préluder au mélange des urines. »

R. Trubert,
Succube, Gallimard, 1947

NAZE

CHOPER LE NAZE : *attraper la syphilis.*

« Martine a la syphilis. (...) Pourtant Martine ne semble pas touchée. Elle nous a annoncé ça en prenant l'apéro. Il paraît que c'est sa troisième ! Elle dit en riant : “ J'ai encore chopé le naze. Tant mieux, ça fait des vacances ! ” »

J. Cordelier,
La Dérobade, Hachette, 1976

NÉNUPHAR

CROUSTILLER LE NÉNUPHAR : *pratiquer le cunnilinctus.*

« Les promeneurs qui ont aperçu la bagnole avec une femme à bord ont pensé à une halte d'amoureux. Ils se sont dit que médéme se laissait croustiller le nénuphar et comme ils étaient pas viceloques, ils se sont écartés du terrain de manœuvre ! »

San-Antonio,
Baisse la pression, tu me les gonfles !, Fleuve Noir, 1988

NERF

GLISSER UN NERF : *coïter (en parlant d'un homme).*

« Quand Juju esgourda que son pote Jeannot était encristé because l'avait critiqué Hérode Junior qui glissait régulièrement un nerf à sa belle-doche Hérodiade, il préféra mettre les adjas. »

J. M. Keurbé & M. Thiégurel,
Les Évangiles en argot, Éditions S.V.P., 1989

NICOTINE

SE GOINFRER LA NICOTINE : *avaler le sperme au terme de la fellation.*

« La mistoune est une vraie fumeuse. Elle craint pas le chouf du soufflet et se goinfre la nicotine de première. Comment qu'elle avale la fumée, chérie ! C'est ça une dévorante authentique. »

San-Antonio,
La Vie privée de Walter Klozett, Fleuve Noir, 1975

NIQUE

FAIRE NIQUE-NIQUE : *coïter.*

« — Lézard, maintenant ? Les femmes, dans ton pays, aiment-elles qu'on les compare ainsi aux bêtes ?

— Je t'ai demandé ce que tu fais ici ?

— Nik-nik avec La Légion étrangère, tu le sais bien, répond-elle en éclatant de rire. »

J. des Vallières,
Les Hommes sans nom, Albin Michel, 1933

NŒUD

POMPER LE NŒUD : *pratiquer la fellation.*

« Tiens, Titin', voilà cent sous
Pomp'moi l'nœud, rends-moi trois francs.
Non, Monsieur, c'est bien trop peu
Pour pomper un si gros nœud. »

La Peau d'couille, chanson,
in *Anthologie hospitalière et latinesque,* 1911-1913

S'ASTIQUER LE NŒUD : *se masturber.*

« Fêtes et dimanches,
Je m'astique le manche :

Vaut-il pas mieux s'astiquer l'nœud
Que d'attraper mal à la queue ? »

Si ma pine fait triste mine, chanson, *ibidem.*

AVOIR LE NŒUD QUI FAIT LE BEAU : *être en érection.*

« Et plutôt bien roulée, la grosse !... Rien que d'y penser, j'ai le nœud qui " fait le beau ! "... Y'aura bien une occase pour lui mettre la main au cul ! "

D. Rousseau,
L'Incroyable affaire de la valse sanglante, Éditions du Square, 1979

NOISETTE

CROQUER LA NOISETTE : *coïter.*

« Je n'ai jamais croqué la noisette avec aucune personne du sexe, voulez-vous la croquer avec moi ? »

Burani,
Le Pompier galant, 1898

NOMBRIL

TRINQUER DU NOMBRIL, *coïter.*

« J'ajouterai seulement ce détail, qui semble indiquer une virginité douteuse : à l'heure du berger, au moment suprême, quand le jeune couple s'apprêtait à trinquer du nombril, la jeune épouse se mouilla le doigt dans la bouche et se le passa dans la fente inférieure, pour lubrifier les grandes lèvres, savonner les nymphes, rendre glissantes les parois vermiculaires et faciliter l'entrée triomphale de la pine de mon ami. »

T. Gautier,
Lettre à la Présidente, Voyage d'Italie, 1850

NOUGAT

AVOIR LES NOUGATS EN BOUQUET DE VIOLETTES : *jouir.*

« Imagine un peu la déception de cette petite coquette de Marie-Antoinette radinant de la cour d'Autriche tout émoustillée en se disant, qu'elle va avoir les nougats en bouquets de violettes (elle qui sentait déjà la violette) et qui, une fois au dodo, s'aperçoit que le gars Louis a sa durite éclatée ! »

San-Antonio,
L'Histoire de France, Fleuve Noir, 1964

NOUILLE

TREMPER SA NOUILLE : *coïter (en parlant d'un homme).*

« Mes copines ! Tu sais bien que je les connais pas plus que toi !

— Ah, c'est quand même toi qui les a convoquées.

Moi, je t'épaule, c'est tout.

— Tu m'épaules ! Arrête ! Tu dis ça, mais tu seras bien content de tremper ta nouille si ça se présente ! »

J. Berroyer,
Je vieillis bien, Albin Michel, 1983

O

OBÉLISQUE

FAIRE L'OBÉLISQUE : *être en érection.*

« Il avait changé deux ou trois fois d'attitude, tout en dormant ; celle qu'il venait de prendre en dernier lieu me tentait fort. Il était sur le dos, faisant l'obélisque, comme vous appelez cela. J'ai pensé faire à M. de Molengin l'affront de m'enfourcher sur son ami, et de me le mettre à sa barbe ; mais la crainte de quelque hoquet, et un reste de pudeur... Je me suis retenue. »

A. R. Andrea de Nerciat,
Le Diable au corps, 1803

METTRE SON OBÉLISQUE EN PENSION : *coïter (en parlant d'un homme).*

« Où qu'tu vas ? J' monte chez Mélanie, pour mettre mon obélisque en pension. »

Lemercier de Neuville,
in J. Choux, *Le Petit citateur,* 1869

OCTAVE

FAIRE L'OCTAVE : *masturber une femme, en lui introduisant en même temps un doigt dans l'anus.*

« (...) Lecteur, sais-tu faire l'octave ?
Chacun sait que les doigts d'un joueur de piano,
Pour doubler une basse, — en exemple le do,
S'écartent, pour frapper les deux notes extrêmes.
Pour doubler le plaisir les procédés sont mêmes :

Faites l'octave au cul, quand vous branlez le con ;
Ne l'oubliez jamais, chatouillant un téton. »

Compendium érotique,
in J. Choux, *Le Petit citateur,* 1869

ŒIL

CREVER L'ŒIL DU CYCLOPE : *sodomiser (une femme).*

« Alors on la renfile, mais c'est une variation qui fait que la Comtesse s'écrie en riant : Sacrebleu ! tout est ici pour le mieux ! autrement le cyclope aurait l'œil crevé. Soit fait ainsi qu'il est requis...

Et puis elle joue des hanches de si bonne grâce, que l'auteur de la trahison ne peut douter qu'elle ne lui soit pardonnée. »

A. R. Andrea de Nerciat,
Les Aphrodites, 1793

DÉFONCER L'ŒIL DE BRONZE : *idem.*

« Vous n'avez pas des accessoires, des trucs vaches, des chaînes, on lui filerait une dérouillée atroce, on lui défoncerait l'œil de bronze, je lui dirais que maintenant je ne peux plus reluire autrement. »

A. Paraz,
Une Fille du tonnerre, Martel, 1952

OGNEUL

SE FAIRE ALÉSER L'OGNEUL : *se faire sodomiser.*

« En plein boum qu'elle lui a coupé le sifflet, au meneur de jeu, la salade de Nana, juste à l'instant qu'une famille nombreuse allait tout entière se faire sévèrement aléser l'ogneul par une compagnie de mousquetaires ! »

A. Simonin,
Touchez pas au grisbi !, Gallimard, 1953

OIE

PRENDRE LA PETITE OIE : *faire des caresses, des attouchements à une femme.*

« Elle avait déjà laissé prendre la petite oie à un homme qui la cajolait. »

G. Tallemant des Réaux,
Historiettes, 1657

OIGNE

LE METTRE DANS L'OIGNE : *sodomiser (une femme).*

« Si ça me fait plaisir à moi de baver devant un parterre de dames patronnesses que je suis une grosse enculée et que tel P.D.G. de la presse ou de la publicité me l'a mise dans l'oigne... j'ai pas le droit peut-être ? »

A. Boudard,
Manouche se met à table, Flammarion, 1975

OIGNON

ÉLARGIR L'OIGNON : *sodomiser (un homme).*

« E... au bagne de Toulon fut accouplé avec un individu qui, dans la journée se chargea de presque toute la besogne, et le soir le régala par-dessus le marché. (...) Mais, à l'heure du coucher, le drôle devint entreprenant, l'appelant sa petite fiancée, voulant l'embrasser et lui " élargir l'oignon ".

E... refusa non par pudeur, ni par vertu, mais parce qu'il avait peur que cela lui fît mal. »

E. Laurent,
Les Habitués des prisons de Paris, 1890

SE FAIRE RAMONER L'OIGNON : *se faire sodomiser (en parlant d'un homme).*

« C'était moins une ! On allait se faire ramoner l'oignon !
Ouais... on a évité le fist-fucking... »

Tramber,
Pas de cadeau à Gromago, L'Écho des Savanes, Albin Michel, 1989

OMBRELLE

RETROUSSER L'OMBRELLE : *sodomiser (une femme).*

« Tu penses, avec ma tire si c'est pratique quand j'lève, j'emballe et d'auto, la campagne, le porto à Bicherel ou à Cornebiche, enfin les p'tits coins peinards et pis chouettes, quoi ! Ah ! pis ça traîne pas, tu penses, dans les bois, dans la tire, par ici la sœur et j'te lui décortique la tirelire, j'te lui retrousse l'ombrelle. Un coup dans le chouette, un coup dans le régulier, tout le papo. »

Simonin & Bazin,
Voilà taxi !, Gallimard, 1935

ORAISON

FAIRE L'ORAISON JACULATOIRE : *coïter.*

« Maman, vois-les donc tous deux,
Avec quelle ardeur, ils prient !
Regarde comme ils s'écrient :
Mon amour !... je vois... les cieux !
— Ils font, la chose est notoire,
Comme un acte méritoire,
L'oraison jaculatoire,
Qu'en mon temps j'ai faite aussi... »

Léger,
in J. Choux, *Le Petit citateur,* 1869

ORANGE

ÉPLUCHER UNE ORANGE : *forniquer (en parlant d'un homosexuel).*

« Dieu ! que vos cils sont étonnants !
Plus longs que les cheveux des anges...
Voulez-vous, mon amour charmant,
Que je vous épluche une orange ? »

Chanson, in J. Gravigny,
Montmartre en 1925, Éditions Montaigne, 1925

OREILLE

SE LA METTRE SUR L'OREILLE : *rentrer chez soi sans avoir pu posséder la femme désirée.*

« Hélà ! cool, mon ami Bernard peut rentrer d'un moment à l'autre, il n'a pas beaucoup d'humour (...) Et hop ! J'me la mets sur l'oreille, mais j'hérite de la caisse d'enfer. »

J. Armand,
Les Choses au poing, 1983

OS

PISSER DES OS : *accoucher.*

« Ils lui feront enfler la panse
Et, comme à moi, pisser des os. »

Le Cabinet satyrique, 1618

SE FAIRE ROGNER L'OS : *se faire faire une fellation*

« Les autres arsouilles, sur son compte, ils s'étaient aussi fait rogner l'os chacun leur tour. »

A. Boudard,
L'Hôpital, La Table Ronde, 1972

OSSELET

JOUER AUX OSSELETS : *coïter avec une femme décharnée.*

« Alors, t'as joué aux osselets ?... Elle a pas de fesse, c'te greluche ! »

R. Rabiniaux,
La Bataille de Saumur, Buchet/Chastel, 1971

OURS

AVOIR SES OURS : *avoir ses règles.*

« Madame des Pereires, qu'était pas extrêmement naïve elle, s'en méfiait bien de la donzelle ! surtout au moment de ses règles !... Elle lui avait aménagé une sorte de bat-flanc spécial dans un coin de la grange, pour qu'elle soye bien seule à dormir tout le temps qu'elle avait ses ours ! »

L.-F. Céline,
Mort à crédit, Denoël & Steele, 1936

« — Faut l'excuser, elle est pas en forme, aujourd'hui, mais c'est ses anglais qui la travaillent.

C'est vrai, quand elle avait ses ours, cette paumée, on aurait dit, chaque fois, qu'elle allait crever. »

M. Raphaël,
Ainsi soit-il, Éditions du Scorpion, 1947

P

PAF

MÂCHOUILLER LE PAF : *pratiquer la fellation.*

« Effectivement, la science pourtant très aboutie de la pute ne semble pas mener Justin aux apothéoses. La tête inclinée, ce qui lui vaut un menton supplémentaire, il regarde mâchouiller son paf assoupi. »

San-Antonio,
Ma Cavale au Canada, Fleuve Noir, 1989

PAGE

TOURNER LA PAGE : *sodomiser (une femme).*

« Quand ma femme me répond
Qu'elle a ses affaires,
J'tourne la page et j'prends du rond
V'là mon caractère. »

La Sans-Gêne, in J. Lacassagne & P. Devaux,
L'Argot du « milieu », Albin Michel, 1935

« Je risquai une solution qui conserverait à la fleur ses pétales, je proposai de tourner la page, de faire une façon à l'extraordinaire. »

A. Vers,
Gentil n'a qu'un œil, Plasma, 1979

PAILLASSON

SE GLISSER SOUS LE PAILLASSON : *pratiquer le cunnilinctus (en parlant d'une lesbienne).*

« A même le tapis ou sur des crédences, des gisquettes complètement déloquées et tout à fait chicores, pour rentrer dans leur douillet intérieur, se glissaient entre elles sous leur paillasson... »

P. Devaux,
Le Livre des darons sacrés, Éditions L'Humour des Temps, 1960

PAIN

TREMPER SON PAIN AU POT : *coïter (en parlant d'un homme).*

« (...) quelques-uns de ces Pères confesseurs, sentant que quelquefois la chair chatouillait les religieuses, en faisaient bien et beau leur profit ; au lieu de renverser la marmite où bouillait la chair en carême, ils trempaient leur pain au pot. »

Cholières,
Les Après-disnées, 1587

TREMPER SON PAIN BIS DANS LE POT AU LAIT : *idem.*

« (...) je fis mon chemin tout seul, après néanmoins que le vicomte du Carbet et le baron du Marigot m'eurent protesté, avec d'horribles serments, que non seulement ils n'avaient point trempé leur pain bis dans le pot au lait de la comtesse de Cocagne, mais que même ils n'en avaient pas eu la pensée. »

P. C. Blessebois,
Le Zombi du Grand-Pérou, 1697

PAIRE

EN GLISSER UNE PAIRE : *sodomiser (un homme).*

« Mais même au meilleur de sa forme, à vingt piges, il me semble que je l'aurais dédaigné. Je vais vous paraître invraisemblable, attardé, fallacieux ! Un détenu qui n'en glisse pas une petite paire de temps en temps à son camarade de cellule, c'est contraire à toutes les idées reçues du siècle, toutes les imageries nouvelles. Ça ne colle pas avec Kinsey, les travaux des érudits sexologues... avec les Beaux-Arts aussi. »

A. Boudard,
La Cerise, Plon, 1963

PALOT

ROULER UN PALOT : *donner un baiser, langue en bouche.*

« Bye bye, docteur psychiatre, à la revoyure, c'est ça, je vous embrasse bien fort, je vous roule même un palo *(sic)*... »

J. Cordelier,
La Dérobade, Hachette, 1976

PALUCHE

SE FAIRE UNE PALUCHE : *se masturber.*

« Ce n'est pas qu'elle ait tellement de talent, mais elle est si gironde que lorsqu'elle ondule de l'anneau tous les nières ont des ampoules aux griffes à force de se faire des paluches... »

P. Lhoste,
Préface, in F. Trignol,
Pantruche ou les mémoires d'un truand, Fournier, 1946

SE TAPER UNE PALUCHE : *idem.*

« Il m'avait imploré que je lui délivre une petite ordonnance car il ne bandait pratiquement plus et n'avait-il la vilaine héréditaire habitude de se taper une paluche le samedi. »

P. Joinul,
Des Nacelles océanes, Balland, 1971

PAN

FAIRE PAN-PAN : *coïter (en parlant d'un homme).*

« Si du paon dépend
Mon plaisir, c'est qu'un paon,
Cet animal pimpant,
À Vénus fit pan pan ! »

J. du Boys,
in A. Delvau, *Dictionnaire érotique moderne,* 1864

FAIRE PAN-PAN LES COUILLETTES : *idem.*

« L'amante, les cheveux dénoués, en entoure moelleusement le vit de son galant, puis prend le priape ainsi enveloppé entre ses mains... Il n'a plus qu'à se figurer qu'il est dans un con et faire pan-pan les couillettes jusqu'à la décharge pommadino-foutrale. »

A. S. Lagail,
Les Paradis charnels ou le divin bréviaire des amants, 1903

FAIRE PAN-PAN DANS LES CONTREVENTS : *idem.*

« Tu peux fendre la bise sans crainte, lui disait Toto, le zèbre roupille. (...) Va voir ta gonzesse et fais pan pan dans les contrevents à ma santé. »

M. Fombeure,
Soldat, Gallimard, 1935

PANAIS

DÉGRAISSER SON PANAIS : *coïter (en parlant d'un homme).*

« (...) et une fois là, comme de juste, vous faites l'amour : vous détachez votre coupon, vous vous mélangez, vous dégraissez votre panais.... »

P. Devaux,
La Langue verte, Hazan, 1930

TREMPER SON PANAIS : *idem.*

« Au soir ensuivant, l'vieille vint point au bouverin, comme les fois précédentes, me dire en charriant : " Ben quoi, Batiss', t'montes point trouver maîtresse, ast'heure que les petits sont chambrés ? Déjà fatigué de tremper t'panais ? En v'là, un galant transi ! " »

M. Stéphane,
Sirènes de cambrouse et Margots des bois,
Éditions de la Nouvelle Revue Critique, 1931

S'ASTIQUER LE PANAIS : *se masturber.*

« Il semble quelque peu intimidé de devoir se sortir le panais devant plusieurs centaines de personnes et se l'astiquer jusqu'à l'heureuse conclusion qui pourrait si elle est vraiment impétueuse, lui faire regagner des places au classement. »

San-Antonio,
Les Morues se dessalent, Fleuve Noir, 1988

PANARD

CHOPER SON PANARD : *jouir, avoir un orgasme.*

« Penses-tu ! C'était magistral. Sauf que sa marotte à c'te femme, c'est de choper son panard en te bousculant, façon " grouille-toi, j'ai du lait sur le gaz ! " On se croirait avec une radasse d'abattage. »

San-Antonio,
Un Éléphant, ça trompe, Fleuve Noir, 1968

PANIER

SE FAIRE DÉFONCER LE PANIER : *coïter (en parlant d'une femme).*

« C'était Émile Aguais, dit Milo les Belles Dents, patron du Panier Fleuri, un bordel du Barbès, qui lui avait collé Pélagre sur les bras.

Drôle de cadeau. Au Panier, elle se faisait défoncer le sien soixante ou soixante-dix fois par jour par des Arbis montés comme des bourricots. À bord, c'était par déformation qu'elle ne cessait de s'envoyer tous les mâles du paquebot… »

A. Le Breton,
Les Pégriots, R. Laffont-Plon, 1973

METTRE ou FOUTRE LA MAIN AU PANIER : *porter la main au fessier ou au sexe d'une femme ; porter la main au postérieur d'un homme (3e et 4e citations).*

« Elle portait des robes si courtes, aussi ! Et pas pudique du tout quand elle faisait sissite ! Elle est pinocumettable, prétendait Pactot. Si j'habitais la Maison Meublée comme toi, y a longtemps que je me la serais envoyée, concluait Cambrecis. Tu lui as mis la main au panier, au moins ? »

R. Guérin,
L'Apprenti, Gallimard, 1946

« Je veux rien entendre, j'avais une biroute à la place du cerveau. On tombe par terre, je lui fous enfin la main au panier, je sens entre mes doigts ses poils trempés de sueur, et de foutre. Elle mouillait déjà. »

M. Raphaël,
Ainsi soit-il, Éditions du Scorpion, 1947

« Des fois, avec ses manières, on la prenait pour une tante, mais alors minute, il y avait erreur sur la personne. Alexandre les envoyait sur les roses, les amateurs de terre jaune, ça lui était arrivé avec un spécialiste, professeur, cher maître et tout, qui avait pris ça pour des avances. Il l'avait fait déculotter, lui avait foutu la main au panier, et voulait, à toute force, lui tailler une plume… un glouglou sur la veine bleue. » *Ibidem.*

« Querelle s'était redressé. Dédé regardait sa croupe s'arc-bouter. Une voix moqueuse mais admirative cria :

— I' y met la main au panier !

Sous le drap bleu du pantalon Dédé devinait la marche et la résistance des muscles (…). Il savait les réactions des fesses, des cuisses, des mollets. »

J. Genet,
Querelle de Brest, 1947, in *Œuvres complètes,* Gallimard, 1953

PAPA

JOUER À PAPA-MAMAN : *coïter.*

« — Satisfaite des affaires ?

— Couci-couça. L'homme marié nous est toujours fidèle, c'est plutôt la jeunesse qui se désintéresse.

— Tiens, est-ce que tous les jeunes gens seraient disciples de Corydon ?

— Oui, c'est le sport qui nous fait du tort. Tu penses, quand un gars a couru après un ballon toute la journée, s'il s'en ressent le soir pour jouer à papa-maman ! »

J. Galtier-Boissière,
La Vie de garçon, Mornay, 1929

PÂQUERETTE

S'EN FAIRE COLLER PLEIN LA PÂQUERETTE : *coïter (en parlant d'une femme).*

« Et sa vieille maintenant qui s'en faisait coller plein la pâquerette pour trois ronds trois balles. Parce qu'elle devait être tellement naze, Béné, qu'on l'imaginait pas épongeant de la némo à grande échelle. »

J. L. Degaudenzi,
La Lamentable épopée de Doris et Alexandre, Fixot, 1990

PARTERRE

BROUTER LE PARTERRE : *pratiquer le cunnilinctus.*

« Gentiment, sa camarade m'a prié de compenser la déconvenue de Margret en lui broutant le parterre du temps qu'elle repartait en fantasia sur mon chibroque. »

San-Antonio,
Ma Cavale au Canada, Fleuve Noir, 1989

PARTIE

FAIRE ou SE FARCIR UNE PARTIE DE BORDELAISE EN CENT TRENTE : *coïter.*

« Avec Lili, sûr, on allait se farcir une partie de bordelaise en 130, inoubliable, qui durerait jusqu'à sept plombes au moins, avec écart javanais, relance libre, quitte ou double, toutim et mèche ! »

A. Simonin,
Touchez pas au grisbi !, Gallimard, 1953

FAIRE UNE PARTIE DE COUCOUCHE PAPATTES EN ROND : *idem.*

« Il était trop tard pour qu'ils aillent au théâtre, même s'ils se privaient de dîner. C'était tout ce qu'avait cherché Monsieur Hermès. Il rallia facilement Angélique à sa cause. Faire une doucette partie de coucouche papattes en rond avec son amant, ça valait mieux que Mozart. Ce n'était pas si souvent qu'elle pouvait jouer au ménage à deux. »

R. Guérin,
L'Apprenti, Gallimard, 1946

FAIRE UNE PARTIE DE CRAPETTE EN CENT TRENTE : *idem.*

« La pauvre Cérès fut si honteuse d'avoir joué de force une partie de crapette en cent trente avec Neptune qu'elle se voila la fraise et qu'elle alla se planquer dans une grotte d'Arcadie, laissant choir tout net son boulot de moissonneuse et de boulangère. »

P. Devaux,
Les Dieux verts, Éditions de la Nouvelle Revue Critique, 1943

FAIRE ou JOUER UNE PARTIE DE JAMBES EN L'AIR : *idem.*

« Ah ! quoi, dit Alice, en voilà-t-il pas une affaire, parce que Firmin a vu ton cul... il le verra encore plus d'une fois... et c'est toi-même qui le lui montreras, car, vicieuse comme tu l'es, tu ne tarderas pas à jouer des parties de jambes en l'air. »

P. du Bourdel,
Mademoiselle de Mustelle et ses amies, J. Fort, 1911

FAIRE UNE PARTIE DE JAMBONNEAUX : *idem.*

« Dis donc p'tit colis j'suis plein aux as. Ramène ta fraise, on va faire une partie de jambonneaux ! »

Tramber,
Embrouille au Pypoland, Les Humanoïdes Associés, 1984

FAIRE UNE PARTIE DE MANCHICOINE EN CENT TRENTE : *idem.*

« (...) et une fois là, comme de juste, vous faites l'amour : vous détachez votre coupon, vous vous mélangez (...), ou bien encore, vous faites une bordelaise en cent cinquante ou une partie de manchicoine en cent trente.... »

P. Devaux,
La Langue verte, Hazan, 1930

FAIRE UNE PARTIE DE TROU-MADAME : *idem.*

« Je rebandais. Mais Traitdamour foutit trois coups et fit trois copieuses éjaculations avant de déconner. Je le tirai pour le forcer à reprendre haleine.

— Je vais pendant ce temps-là, lui dis-je très bas, faire une petite partie de trou-madame. »

N. E. Restif de La Bretonne,
L'Anti-Justine, 1798

PASSE

FAIRE UNE PASSE DE LA BOUTONNIÈRE À L'ŒILLET : *après le coït vaginal, pratiquer le coït anal.*

« La seule variation remarquable fut que la luronne, qui pour lors se faisait levretter, étant tombée en crise plus tôt que son limeur (non pas maté, mais un peu tari), celui-ci crut qu'elle ne perdrait pas grand-chose à lui laisser darder dans le réduit voisin son essence amoureuse. Ainsi donc, en habile enfileur, il fit à l'improviste une passe de la boutonnière à l'œillet, mais cette tricherie fut si prompte, si adroite, et réussit si bien grâce à l'abondante onction dont la donzelle venait de saucer le succulent braquemart, que la bonne créature de Nicole (assez aguerrie sur l'article, comme nous l'avons dit ailleurs) ne fit que rire du tour et s'y prêta de la meilleure grâce du monde. »

A. R. Andrea de Nerciat,
Le Diable au corps, 1803

PASSE-TEMPS

JOUER AU PASSE-TEMPS DE DEUX À DEUX : *coïter.*

« Pour toutes ces raisons ensemble, étant chacune d'elles prisée, caressée et poursuivie tous les jours et à toutes heures, elles se laissèrent gagner à l'amour, eurent pitié de leur semblable, et commencèrent à jouer au passe-temps de deux à deux, chacune en leur endroit. »

B. des Periers,
Nouvelles récréations et joyeux devis, 1558

PASTÈQUE

SE FAIRE DÉFONCER LA PASTÈQUE : *se faire sodomiser.*

« Tatave... “ Viens goûter ma bite, elle sent la vanille ”, ce qu'il répond à la surveillante. Qu'il en a rien à foutre de son hosto de merde ! qu'elle aille se faire défoncer la pastèque et plusieurs fois de suite par plusieurs bougnoules ! »

A. Boudard,
L'Hôpital, La Table Ronde, 1972

PASTILLE

FAIRE SAUTER LA PASTILLE : *déflorer.*

« Il l'a pas repris son tire-jus, seulement il m'a renversée sous lui et j'ai senti sa trique contre mon ventre, toute humide... et hop, il m'a fait sauter la pastille l'enfant de garce, que le bon Dieu le bénisse.... »

M. Raphaël,
Ainsi soit-il, Éditions du Scorpion, 1947

FAIRE RELUIRE LA PASTILLE : *sodomiser.*

« ... craquette ! crevette ! briquette ! sors-toi de là qu'on te fasse reluire la pastille... viens, viens, on te prendra du rond... »

A. Bastiani,
Le Grand embouteillage, J. Dullis, 1974

PASTOCHE

SE FAIRE DORER LA PASTOCHE : *se faire sodomiser (en parlant d'un homme).*

« Il s'y ajoutait le plaisir de couillonner les femelles. “ Si elles savaient qu'on se décharge les burettes entre copains, elles en feraient une gueule. Le mataf, lui, i'fait pas d'histoires. Ça le fait marrer de se faire dorer la pastoche. Y a pas de mal. ” »

J. Genet,
Querelle de Brest, 1947, in *Œuvres complètes,* Gallimard, 1953

METTRE LA POGNE À LA PASTOCHE : *porter la main au fessier ou au sexe d'une femme.*

« Un jourdé qu'elle s'était amenée au Grand Carreau pour un procès d'héritage, à la décarrade les deux vieux schnouques y filèrent le valseur avec l'idée bien arrêtée d'y mettre leur pogne à la pastoche.... »

P. Devaux,
Le Livre des darons sacrés, Éditions L'Humour des Temps, 1960

PÂTE

FAIRE LEVER LA PÂTE : *mettre enceinte.*

« Que si elle prend envie de fringuer, elle s'en acquitte si lâchement que ni elle ni celui qui la presse n'en reçoivent plaisir ; elle est si longue à la décharge que ce qu'elle a reçu propre à faire lever la pâte, en l'attendant, s'évente et refroidit, se gâte. »

Cholières,
Les Neuf matinées, 1585

METTRE LA MAIN À LA PÂTE : *(se) masturber.*

« Mais... t'es malade !?! J'étais à deux doigts de prendre mon pied !?!

Mets la main à la pâte, grand fainéant !!! »

Golo &Frank,
Nouvelles du front, Futuropolis, 1985

« Ça n'avait pas été très loin mais enfin, elle avait mis la main à la pâte et la douce réalisée était de celles qui comptent dans la vie d'un homme. »

A. Vers,
Gentil n'a qu'un œil, Plasma, 1979

PATIN

ROULER UN PATIN : *donner un baiser, langue en bouche.*

« — Rien qu'un baiser sur la bouche, c'est pas méchant...

Cous enlança Choupette, Bernard Lucky, et Tilou Zézette.

— C'est ce qui s'appelle rouler un patin, plaisanta Tilou, en empoignant ensuite Choupette, tandis que Cous entraînait Lucky vers l'horloge. »

R. Fallet,
Banlieue Sud-Est, Domat, 1947

« En même temps, il y avait des colonies d'apprenties, des jeunes filles de quinze à vingt-deux ans, des pas tout à fait bien, des un peu arriérées, des belles filles. À travers les feuilles de la vigne, on s'embrassait à genoux, on se roulait un patin. Elles demandaient que ça mais il y avait la monitrice. »

L. Aurousseau,
Une Vie de cheval, Belfond, 1977

PATTE

TAPER DE LA PATTE : *coïter.*

« Elle m'a reliché et s'est mise à filer comme un dard... On s'était tellement tapé de la patte, qu'il ne me restait plus de méfiance dans le ciboulot... Ça m'avait rendu presque louf.... »

N. Casanova,
Le Journal à Nénesse, Ollendorff, 1911

« Alors le mari, au boulot à cinq heures du matin, et eux, aussi sec, pagnotés ensemble au chaud. Le troisième matin, pendant qu'ils tapaient de la patte, voilà le mari derrière la porte, qui cogne. »

G. C. Silvagni,
La Peau des mercenaires, Gallimard, 1954

« En débarquant avec ses ondoyances, ses allures, ses airs, dans cette fosse à cloportes, Mademoiselle Manière avait transformé l' " Urologie " en clapier. Ça tapait de la patte, Pavillon 6, comme lapins !... M. le Professeur, en personne, donnant l'exemple. »

M. Audiard,
Le P'tit cheval de retour, Julliard, 1975

FAIRE LA ou DES PATTE(S) D'ARAIGNÉE : *caresser et chatouiller délicatement du bout des doigts les attributs virils.*

« J'avais beau patiner sa couille renfrognée,
Lui faire avec cinq doigts la patte d'araignée,
Sa pine, peu sensible à mes soins superflus,
Demeurait flasque et molle et ne rebandait plus. »

L. Protat,
Examen de Flora, 1846

« Te souviens-tu, ô ma folle maîtresse,
Du soir charmant, de printemps parfumé,
Où, de ta main passée entre mes fesses,
Tu me faisais des pattes d'araignée ? »

Valse des adieux,
in *Anthologie hospitalière et latinesque,* 1911-1913

FAIRE LA PATTE DE HOMARD : *introduire simultanément le pouce dans le vagin et le médius dans l'anus.*

« Ensuite je lui fais la patte de homard agressive : le pouce dans la chapelle ardente, le médius dans la crypte et tu fais la pince à billet de Rothschild… »

San-Antonio,
Ça ne s'invente pas, Fleuve Noir, 1972

PAVÉ

ARRACHER LE ou SON PAVÉ : *coïter.*

« C'est donc ta manière d'annoncer ta joie aux femmes ?

Oui c'est ainsi toutes les fois que j'arrache mon pavé avec une demoiselle… »

Lemercier de Neuville,
Les Jeux de l'amour et du bazar,
in *Le Théâtre érotique de la rue de la Santé,* 1864-1866

« T'as tort, me dit Louis, un putassier de la G7 qui habite l'hôtel, t'as tort, elle doit drôlement t'arracher le pavé avec des yeux pareils. »

A. Breffort,
Mon taxi et moi, Éditions de la Corne d'Or, 1951

PAYS

FÊTER LES PAYS-BAS : *coïter (en parlant d'un homme).*

« Pendant qu'avec votre boute-joie vous fêterez les pays-bas de Marie, vous aurez, je l'espère, la complaisance, avec votre langue, de caresser mon clitoris. »

L'École des biches ou mœurs des petites dames de ce temps, 1863

SE CAUSER DU PAYS : *se sodomiser mutuellement (en parlant d'homosexuels en groupe).*

« Il halète devant les compagnies de jules avec leur tournedos, en train de se causer du pays debout, assis, à genoux, ou couchés sur des coussins. »

J. Guernec,
Les Propos de Coco-Bel-Œil, J. Froissart, 1947

PÉCOLE

AVOIR LA PÉCOLE : *avoir une maladie vénérienne.*

« Le refrain d'une de ses rengaines favorites (...) avait des résonances surréalistes, bien avant que ce mouvement fût en germe :

Oye ! oye ! j'avais la pécole...
la gigite et le vezou !...
avoir la peau du ventre qui se décolle...
c'est un plaisir très doux... »

A. Simonin,
Confessions d'un enfant de La Chapelle, Gallimard, 1977

PÉDALE

ÊTRE DE LA PÉDALE QUI CRAQUE : *être homosexuel.*

« Ils connaissaient les tantes et les pédés par ce qu'en disait Théo, par ce qu'ils en disaient eux-mêmes, s'interpellant en riant, avec ces phrases : “ Il en est, de la pédale qui craque !... Tu les prends en long, en large ou en travers ?... Va te faire miser, eh !... Va voir chez tonton, tu gagneras mieux ta croûte !... ” »

J. Genet,
Querelle de Brest, 1947,
in *Œuvres complètes,* Gallimard, 1953

« On l'affuble de lâcheté... lui prête des mœurs douteuses... qu'il est de la jaquette, de la pédale qui craque ! N'empêche qu'aujourd'hui, jaquette ou non, ce boutonneux Marc, fils du juge, il doit être dans les grasses sphères... les hautes fonctions... »

A. Boudard,
Les Combattants du petit bonheur, La Table Ronde, 1977

PÉDÉ

ÊTRE PÉDÉ COMME UN PHOQUE : *être homosexuel d'une manière manifeste.*

« Les routiers sont PD comme des phoques
ils ont raison car un cul musclé
ça fait bander dans les froques
et quand elle est bien enfoncée
une bitte de copain
ça fait jouir le gland les couilles et le bassin. »

Graffiti, Ribérac, 1974,
in E. Ernest, *Sexe & Graffiti,* Moreau, 1979

« Elle était une femme charmante, une toute petite bonne femme, haute comme ça, toute grassouillette, qui adorait Tonton de la place Blanche et devait regretter de ne pouvoir coucher avec lui. Mais, comme Tonton était aussi pédé qu'un phoque... c'était classé. »

F. Jamet,
One Two Two, Orban, 1975

« Dites, depuis le temps que nous sommes là, nous pourrions peut-être faire l'amour...
... Faire l'amour ! Ha, ha ! Impossible, je suis pédé comme un phoque ! »

C. Schlingo,
Trip slip, Les Humanoïdes Associés, 1984

ÊTRE PÉDÉ COMME UNE OTARIE : *être lesbienne d'une manière manifeste.*

« Le Dernier Terrain Vague a publié son premier recueil personnel, la grande saga des aventures de Télé, ce personnage à tête de télévision qui ressemble tant à l'auteur. Titre : “ Macho Girl ”. Pourquoi ? Eh bien, l'ami Berroyer a expliqué qu'Olivia était “ pédé comme une otarie ”. »

Y. Frémion,
Les Nouveaux petits-miquets, Le Citron Hallucinogène, 1982

PÉLICAN

METTRE LE PÉLICAN BLANC À TÊTE ROUGE AU CHAUD : *coïter (en parlant d'un homme).*

« (...) et une fois là, comme de juste, vous faites l'amour : vous détachez votre coupon, vous vous mélangez, vous dégraissez votre panais, vous mettez le pélican blanc à tête rouge au chaud, vous dérouillez... »

P. Devaux,
La Langue verte, Hazan, 1930

PELLE

ROULER UNE PELLE : *donner un baiser, langue en bouche.*

« Tu t'imagines que c'est pour à cause qu'y faudrait me rouler une pelle ? Tu pourrais toujours t'amener, malgré la sympathie que j'ai pour toi ! »

San-Antonio,
Viva Bertaga, Fleuve Noir, 1968

« Et il se pencha pour rouler une furieuse pelle au travelo dont l'alcool avait érodé les défenses, et qui s'abandonnait avec une complaisance lascive. »

A. Dubrieu,
Le Désert de l'Iguane, Ramsay, 1979

PELOUSE

ÊTRE DE LA PELOUSE : *être lesbienne.*

« Il se demandait parfois comment ce pauvre Coco avait pu supporter cette gouine de choc durant vingt ans. Ça pour être de la pelouse, elle en était, l'Emilia ! »

P. Combescot,
Les Funérailles de la Sardine, Grasset, 1986

PÉPIN

AVALER LE PÉPIN : *se laisser engrosser.*

« Celle-ci a un petit enfant, car, étant jeune, ignorant les moyens de ne pas en avoir, elle avala tranquillement le pépin. »

C. Virmaître,
Mlles Saturne, 1898

PERCE

METTRE EN PERCE : *déflorer.*

« Petit-Paul, lui, joue les vedettes. En plein confusionnisme, faut l' dire. Le minou épilé, il a encore jamais affronté. À la savoureuse blanchecaille, s'est substituée sur l'écran interne de sa tronche, la petite Berthe, la fille du bouif. Il avait quatorze piges, elle onze à peine, alors qu'il l'a mise en perce. »

A. Simonin,
Le Hotu, Gallimard, 1968

PERCHE

TÉTER UNE PERCHE : *pratiquer la fellation.*

« Qui est-ce qui veut téter une perche pour se dégraisser les queniques ? »

F. Vollet, in J. Choux,
Le Petit citateur, 1869

PÈRE

EXTRÊMONCTIER LE PÈRE FRANÇOIS : *pratiquer la fellation.*

« Le taillage de plume est un Art essentiellement français. (...) La synonymie est extrêmement riche, et (...), nous ne citerons parmi les synonymes que les plus importants. Les potaches, amateurs de sucre d'orge, emploient le terme très défectueux de " sucer " ; le bourgeois dit " travailler " ; (...) le curé, " extrêmonctier le Père François ". »

F. Carabin,
Traité didactique de la Plume, 1915,
in G. Legman, *Oragénitalisme,* Truong, 1970

TÉTINER LE GROS PÈRE : *idem.*

« Maint'nant, bien qu' j'eusse le Nestor au point fixe, Mam'selle Mirella va me tétiner l' gros père, histoire d'éviter la surchauffe. Notez qu' sa chaglatte, à cette gentille, c'est pas d'la minouche d' communiante. Y a belle lurette qu'elle fait un bras d'honneur au gouffre d' Padirac ; n'empêche qu'un braque bien salivé c'est comme une barbe bien savonnée avant l' rasesage, l' reste s'opère dans l' velours ! »

San-Antonio,
Ma Cavale au Canada, Fleuve Noir, 1989

PERLE

ENFILER DES PERLES : *coïter (en parlant d'un homme).*

« C'est pour ça qu'elle a un foutoir. Son sénateur est trop jaloux. Moi je m'en fous ; mon amant est explorateur, il est en train d'enfiler des perles avec des négresses de la Côte-d'Ivoire. Tu peux venir chez moi... »

G. Apollinaire,
Les Onze mille verges, 1907, L'Or du Temps, 1970

PERMIS

PASSER SON PERMIS DE SAUTER : *se dépuceler (en parlant d'un homme).*

« On en est aux batifolages. Elle ne dit pas “ non ”. Je ne suis pas du tout encore expert en badineries, tous les prémices, préludes, préliminaires à la casserole. Je ne pense plus maintenant à Caroline de mon cœur... tant pis pour elle... notre amour peut attendre... elle va pas partir dès demain de sa fenêtre. Sans être Madame Irma, je pressens qu'elle y restera encore quelque temps. En attendant il vaut mieux que je m'éduque... passe mon permis de sauter avant de m'attaquer à cette déesse. »

A. Boudard,
Les Combattants du petit bonheur, La Table Ronde, 1977

PERROQUET

METTRE LE PERROQUET EN CAGE : *coïter (en parlant d'un homme).*

« Des autres perroquets il diffère pourtant :
Car eux fuient la cage, et lui, il l'aime tant
Qu'il n'y est jamais mis qu'il n'en pleure de joie. »

Le Cabinet satyrique, 1618

« Elle m'a prêté sa cage
Pour mettre mon perroquet. »

Le Parnasse des muses, 1633

PERSIL

ARROSER LE PERSIL : *pratiquer le coït interrompu.*

« Oui, l'an dernier, je l'ai déjà vue s'enfoncer s' coquin dans leur bagnole, à même l' légume, quoi.

— Ah ! bon, qu'elle fait en pouffant, le nez dans l'herbe, qu'elle en pétait comme castagne au feu, d'étouffer s' rire, ils arrosaient le persil ! »

M. Stéphane,
Sirènes de cambrouse et Margots des bois,
Éditions de la Nouvelle Revue Critique, 1931

BROUTER LE PERSIL : *pratiquer le cunnilinctus.*

« (...) laisse quimper ce trou du cul sans fesses, qu'on te broute le persil… aboule tes noix… bigle que t'es, tu vises mon pif, tu vois mon nœud… »

A. Bastiani,
Le Grand embouteillage, J. Dullis, 1974

PET

TIRER SON PET : *coïter (en parlant d'un homme).*

« Un jour, au clac (à Fontainebleau, rue du Chemin de fer. Cinq pensionnaires. Un tout petit bordel des familles) — je monte avec ma gonzesse. Je tire mon pet. J'avais à peine fini que j'entends du boucan en bas et le copain qui m'appelait. »

M. Fombeure,
Soldat, Gallimard, 1935

« Bien sûr, j'ai toujours empaffé des peaux d'harengs qui me tentaient pas spécialement, plutôt par habitude, histoire de se dire qu'on tire son pet comme papa, qu'on laisse pas perdre une occase, même si ça en vaut guère la peine. »

M. Raphaël,
Ainsi soit-il, Éditions du Scorpion, 1947

PÉTÉE

EN COLLER UNE PÉTÉE : *coïter (en parlant d'un homme).*

« Comm' t'as toujours les roupett's grasses
et qu' ça t' démange aux environs,
t'es tout l' temps d'ssus à la… crocher,
(qu'elle en ait du plaisir ou non),
à y en coller des pétées,
à transformer la malheureuse
en fabrique de malheureux ! »

J. Rictus,
Le Cœur populaire 1900-1913, E. Rey, 1914

EN FOUTRE UNE PÉTÉE : *idem.*

« Quand on passe après toutes ces priorités, on n'a plus qu'à s' mettre la ceinture ! Quoi, j'ai pas eu de mômes, moi ? J'en ai eu deux ! Oui, madame. Et j'ai pas demandé à mon homme de m'en foutre une pétée, histoire de ne pas attendre devant les boutiques ! »

R. Fallet,
Banlieue Sud-Est, Domat, 1947

TIRER UNE PÉTÉE : *idem.*

« Durant un long moment je suis resté à gamberger. J'essayais d'imaginer combien de pétées avaient bien pu se tirer dans ce paddock, la frime des gonzes, des gonzesses ; s'il y avait eu dans le nombre de ces rencontres en guirlandes, quelques élans sincères, à la surprise... Ça avait pu se produire ! »

A. Simonin,
Touchez pas au grisbi !, Gallimard, 1953

PETIT

EMMENER SON PETIT AU CIRQUE : *(aller) coïter (en parlant d'un homme).*

« L'abbé avait troqué le motor-home pour sa BM et son habit noir contre un costar de gommeux, un rider à rayures qui sentait la marée. C'est d'ailleurs devant un boxon qu'il nous a déposés... Tu crois qu'il emmène son petit au cirque ? »

Gauckler & Houssin,
Franck le menteur, Albin Michel, 1988

REFILER DU PETIT : *se faire sodomiser.*

« Au 122... seules quelques femmes se faisaient sodomiser. Des spécialistes et qui demandaient, on s'en doute, un fort supplément. Pour ce genre de gâteries, certaines maisons annonçaient la couleur : " L'envers vaut l'endroit ", ce qui voulait dire que toutes les pensionnaires refilaient du petit... de la dossière, de l'escalier de service... les expressions d'usage. »

A. Boudard,
La Fermeture, R. Laffont, 1986

PRENDRE DU PETIT : *idem.*

« On s'envoie en l'air comme des fous. Pour vous confier : elle prend du petit, Fortuna, c'est sa vraie longueur d'onde, la sodomie. »

San-Antonio,
La Pute enchantée, Fleuve Noir, 1982

ÉTRANGLER LE PETIT : *se masturber.*

« (...) parole qu'y en avait plus d'un qui allait soi-disant aux chiottes, pisser un coup et qui étranglait le petit tout en marchant. »

G. C. Silvagni,
La Peau des mercenaires, Gallimard, 1954

PIÈCE

PRENDRE LA PIÈCE DE DIX SOUS : *déflorer.*

« Et la Corsoise de l'assistance, placée en pleine cambrousse, près de Bastia, chez un nourricier qui lui foutait des coups de fourche et lui prit sa pièce de dix sous à douze ans. »

M. Raphaël,
Ainsi soit-il, Éditions du Scorpion, 1947

PIED

PRENDRE SON PIED : *jouir, avoir un orgasme.*

« Tu connais Miss ? Non. Eh bien ! c'est le rendez-vous des détraqués, des anormals *(sic)*. Il y a un client, il ne prend son pied que si on étrangle un petit serin devant lui, il apporte son serin chaque fois ; un autre, c'est les épingles dans les boîtes à lolo ; un autre, le cercueil. »

J. Galtier-Boissière,
La Vie de garçon, Mornay, 1929

« Les femmes qu'il avait eues, il avait toujours voulu qu'elles puissent être contentes de lui. Il se donnait du mal pour elles. Il était fier qu'elles prennent leur pied. Il avait son petit orgueil. Il aimait s'entendre dire qu'il savait bien leur faire ça, qu'il était un bon petit queutard. »

R. Guérin,
L'Apprenti, Gallimard, 1946

PIGNOLE

SE TAPER UNE PIGNOLE : *se masturber.*

« Monsieur Hermès et elle, restèrent seuls dans la chambre. Ça l'embêtait un peu, parce que, l'avant-veille, il s'était justement tapé une pignole. Il avait peur de ne pas être en forme. »

R. Guérin,
L'Apprenti, Gallimard, 1946

« On essaye de s'en tirer avec le secours de la veuve Poignet.
Chacun se tape une pignolle de son goût, décharge à sa façon.
Elles se valent toutes. »

M. Raphaël,
Ainsi soit-il, Éditions du Scorpion, 1947

« Quand tu es parti, le chef de famille m'a fait coucher à côté du frère aîné dans ton hamac. Ah, nom de Dieu, bordel ! Qu'est-ce que je me suis tapé comme pignolles en pensant à toi ! »

J. Genet,
Miracle de la rose, 1943, in *Œuvres complètes,* Gallimard, 1951

PILASTRE

SE MARTELER LE PILASTRE : *se masturber.*

« Récemment, j'ai ligoté un truc commak dans la presse : un adolescent qui voulait to take son fade sans se marteler le pilastre a eu l'idée foireuse de se chanvrer la glotte. Conclusion, il est resté sur le carreau, avec peut-être la braguche en forme de cirque Amar, seulement il n'avait pas que le sémaphore de roide, ce petit cul-d'ail ! »

San-Antonio,
La Sexualité, Fleuve Noir, 1971

PILIER

PONCER SON PILIER : *se masturber.*

« Les pieds appuyés au chambranle,
Lentement d'abord je me branle,
Et puis presto :
Je développe mon extase,
Ponçant mon pilier de la base
Au chapiteau. »

T. Gautier,
Solitude, 1868, in *Lettres à la Présidente et Poésies libertines,*
Cercle du Livre Précieux, 1960

PILOU-PILOU

TUTOYER LE PILOU-PILOU : *coïter (en parlant d'un homme).*

« N'empêche, une fois les valoches posées à terre, la danse du chauffe-biberon recommence. Jéchonias s'enfourne sa régulière et c'est Salathiel qui radine. Lequel Salathiel, une fois en âge de tutoyer le pilou-pilou, a l'honneur de vous faire part de la naissance de Zorobabel. »

J. M. Keurbé & M. Thiégurel,
Les Évangiles en argot, Éditions S.V.P., 1989

PIMPERNEAU

DÉGORGER SON PIMPERNEAU : *coïter (en parlant d'un homme).*

« Il est en perm ; il dégorge son pimperneau. »

G. Esnault,
Le Poilu tel qu'il se parle, Bossard, 1919

PINCE

ÊTRE (UN) CHAUD DE LA PINCE : *être ardent, porté sur le sexe.*

« C'était un chaud de la pince
Qui peuplait dans chaqu' province
L'hospice d's enfants trouvés. »

L. Festeau,
Les Égrillardes, 1842,
in A. Delvau,
Dictionnaire érotique moderne, 1864

« Ah ! les nuits que nous avons passées ! À en mourir ! Je n'en pouvais plus ! Quel tempérament ! Elle vous mettrait sur les rotules un régiment de tirailleurs sénégalais. J'ai dû renoncer, et cependant, je suis chaud de la pince. »

A. Boudard,
La Cerise, Plon, 1963

FAIRE LA PINCE DE CRABE : *introduire simultanément le pouce dans l'anus et l'index dans le vagin.*

« Tandis qu'é me grimpait à ma piaule, j' lui ai envoyé la paluche et elle a pas sourcillé du prose. Elle s'est farci les marches avec mes cinq vagabonds dans la raie, même qu' j' lu ai faite *(sic)* la pince d' crabe : un pouce dans l'ogne, l'indesque dans le frifri. »

San-Antonio,
Hue, Dada !, Fleuve Noir, 1977

PINCEAU

AVOIR LES PINCEAUX EN FLEUR : *jouir, éprouver l'orgasme.*

« De plus en plus sa chaussure la faisait souffrir. Les soldats, employant une expression de voyous, disent quelquefois, lors des marches forcées : “ J'ai les pinceaux en fleur. ” “ J'ai les pinceaux en fleur ”, pensa la petite bonne, mais elle se reprocha cette pensée qui évoquait trop précisément ses rapports avec un troufion dans une ville de l'Est. »

J. Genet,
Pompes funèbres, 1944, in *Œuvres complètes,* Gallimard, 1953

PINE

SE BAHUTER LA PINE : *se masturber.*

« Car nos coursiers, par l'odeur excités,
Au grand galop se bahutaient la pine
Et tour à tour inondaient les pavés. »

Anonyme, in A. Delvau,
Dictionnaire érotique moderne, 1864

PINGLOT

PRENDRE SON PINGLOT : *jouir.*

« Prépare-toi à prendre ton pinglot ; aujourd'hui, j'ai envie de t'enculer en te tirant les oreilles, je sais que tu adores ça. »

J. Berroyer,
J'ai beaucoup souffert, Albin Michel, 1981

PIPE

FAIRE UNE PIPE : *pratiquer la fellation.*

« Ça, c'est tous les mecs qui me font des pipes. Pendant qu'ils me sucent ils se branlent dans mon froc. Ça c'est leur décharge. Pas plus. »

J. Genet,
Querelle de Brest, 1947, in *Œuvres complètes,* Gallimard, 1953

« Il n'avait jusque-là pas trouvé de femme et vivait proscrit des joies diverses que procure une épouse attentive. Les putasses le dégoûtant, il se contentait de faire des pipes aux statues masculines des squares et jardins publics. »

J.-P. Clébert,
La Vie sauvage, Denoël, 1953

TAILLER UNE PIPE : *idem.*

« Lulu venait de Monte-Carlo, elle avait été emperlousée jusqu'au nombril. Les perles étaient tombées, ses dents aussi, à force de tailler des pipes sucrées à des gaules pourries. »

M. Raphaël,
Ainsi soit-il, Éditions du Scorpion, 1947

« Ah ! Ah ! T'as pas vu ta tronche même pas bonne à tailler une pipe au Bois de Boulogne la nuit ! »

Tramber,
Pas de cadeau à Gromago, L'Écho des Savanes, Albin Michel, 1989

PIPOZ

ÉPANOUIR LE PIPOZ EN ROBE DE BAL : *mettre en érection.*

« J'ai de tout, même ces petites esclaves d'Égypte dont le balancement des pains au lait sous la jupette épanouit mon pipoz en robe de bal, et qui sont si adéquates pour les pattes de mouche de la vesprée ! »

P. Devaux,
Le Livre des darons sacrés, Éditions L'Humour des Temps, 1960

PIQUE

(SE) BRANLER LA PIQUE : *(se) masturber.*

« Tandis que vous branlez, sans faire sang, la pique,
Et que, des voluptés, se paie votre désir
Votre couronne choit, et l'on veut s'en saisir
Par ruses et accords que l'étranger pratique. »

P. de Ronsard,
Des mignons, 1585, in *La Bouquinade et autres Gaillardises,*
Bibliothèque des Curieux, 1921

« Nous voyons ce brave Cynique,
Qu'un bougre a mis au rang des chiens,
Se branler gravement la pique
À la barbe des Athéniens. »

A. Piron,
Ode à Priape, 1710, in *Œuvres badines,* 1796

PIQUET

JOUER AU PIQUET : *coïter.*

« En jouant au piquet,
Ma Philis me disait :
Je me sens tout en feu
De me voir si beau jeu.
Mais que me sert, hélas !
Que j'écarte si bien,

Si, dans ce que je porte,
Il n'entre jamais rien. »

Goguette du bon vieux temps, in J. Choux,
Le Petit citateur, 1869

« Inutile de changer les draps... J'ai retourné les taies d'oreillers... Et je vous défends encore une fois de monter jouer au piquet avec Mireille... La première fois que je vous pince dans sa piaule, je vous fous dehors. Compris ? »

M. Dekobra,
Minuit... place Pigalle, Cosmopolite, 1923

AVOIR LE PIQUET DE TENTE : *être en érection.*
« Quand j'ai le piquet de tente, Bambou, je peux la limer pendant des heures. »

S. Gainsbourg, in *Globe,* 1988

PIROUETTE

FAIRE UNE PIROUETTE SUR LE NOMBRIL : *coïter (en parlant d'un homme).*
« Céladon, Ploquet et Le Rocher, ces deux premiers par habitude, et celui-ci par enchantement, songeaient à faire des pirouettes sur le nombril de leurs belles, mais il n'y eut pas une petite conteste entre eux à qui commencerait. »

P. C. Blessebois,
Le Rut ou la pudeur éteinte, 1676

« Quand j' rencontre une gourgande,
Vite, je cherche mon vit
Et j' lui fais, quand je bande,
Une pirouett' sur l' nombril. »

Foutons-nous d' ça, chanson,
in *Anthologie hospitalière et latinesque,* 1911-1913

PLAFOND

GRIMPER AU PLAFOND : *coïter, jouir sexuellement.*
« Nous profitions du moindre après-midi de liberté pour grimper au plafond. Couchés sur son petit lit, nous explorions avec fureur le corps de l'autre. »

P. Manœuvre,
L'Enfant du rock, Lattès, 1985

PLAISIR

DONNER LE PLAISIR DE MARSEILLE : *introduire le doigt dans l'anus (d'un homme).*

« Autre ruse, quand la putain a reçu l'argent pour foutre ou branler, elle demande de l'argent pour se mettre toute nue, ou pour donner le plaisir de Marseille, c'est-à-dire mettre le doigt dans le cul. »

N. E. Restif de La Bretonne,
Dom-Bougre aux États-Généraux
ou Doléances du Portier des Chartreux, 1789

PLAT

PRENDRE SON PLAT : *sodomiser (une femme).*

« Quand elle apercevait un homme, elle l'appelait :
— Veux-tu prendre ton plat ?
— Combien ?
— Un linve. »

E. Laurent,
Les Habitués des prisons de Paris, 1890

PLEIN

FAIRE LE PLEIN : *coïter (en parlant d'une femme).*

« Alors les filles on est venues faire le plein ?! »

Boucq,
La Pédagogie du trottoir, Casterman, 1987

PLI

NE PLUS AVOIR TRENTE-DEUX PLIS : *s'être laissé sodomiser, avoir une certaine expérience de la sodomie passive (en parlant d'un homosexuel surtout).*

« — Il n'a plus trente-deux plis...

Cette phrase entendue un jour à propos d'un gosse que ses camarades soupçonnaient de se livrer à un officier fit réfléchir Erik et l'emplit d'une crainte sourde. »

J. Genet,
Pompes funèbres, 1944, in *Œuvres complètes,* Gallimard, 1953

SE FAIRE REPASSER LES PLIS DU VENTRE : *coïter (en parlant d'une femme).*

« C'est une grosse gagui qui se plaint de ce qu'elle a des plis au ventre...

— Faites-vous repasser souvente fois ! dit Vrille... »

M. Arnac,
Le Brelan de joie, Grasset, 1924

PLUME

TAILLER UNE PLUME : *pratiquer la fellation.*

« Quand tous les soldats eurent enculé le prisonnier, Mony dit quelques mots à l'oreille de Cornabœux qui était encore béat de la plume qu'on venait de lui tailler. »

G. Apollinaire,
Les Onze mille verges, 1907, L'Or du Temps, 1970

« À cette caresse, Maurice se remit à bander ; en deux ou trois soubresauts, sa pine se gonfla et sir Archibald l'embouchant, tailla une superbe plume à son giton. »

P. du Bourdel,
Mademoiselle de Mustelle et ses amies, J. Fort, 1911

« Son nom c'était tout un programme, sa spécialité consistait à tailler des plumes, parce que, il faut bien le reconnaître, ses cuisses, elles intéressaient plus grand monde, hormis quelques amateurs d'antiquités. Mais sur la bouche, là, elle se défendait comme pas une, une langue de chèvre, bien prompte, bien habile, très caressante. »

M. Raphaël,
Ainsi soit-il, Éditions du Scorpion, 1947

POCHET

SECOUER LE POCHET : *coïter.*

« Vous connaissez ce vieil péteur de Constantin : s'il ne secouait le pochet sa couple de fois, il s'en confesserait. Je l'en ai autrefois voulu reprendre, et prier qu'il me chassât cette gaupe de Geneviève. »

Cholières,
Les Après-disnées, 1587

POGNE

SE FAIRE UNE POGNE : *se masturber.*

« Bulkaen se faisait des pognes. Depuis plusieurs jours, je lui remarquais des yeux cernés. »

J. Genet

Miracle de la rose, 1943, in *Œuvres complètes,* Gallimard, 1951

« Surtout que j'escomptais me faire une pogne après... C'est fameux une paluche après la débourranche ! Ça détend le système sympathique ! D'autant plus que la légitime se trouve présentement inapte à la bagatelle, rapport à la totale qu'on lui a pratiquée juste avant les vacances ! »

P. Damaisin,

L'Épornopée, J.-J. Pauvert, 1972

SE TAPER UNE POGNE : *idem.*

« Il pouvait, Éloi, ne prendre son fade qu'ainsi... en bière... sous le linceul ! Tout un cinoche démentiel abominable ! Au bout d'un quart d'heure, vingt minutes à entendre comme ça les pleureuses, ça lui faisait un peu d'effet. Il se tapait une pogne sous le suaire. Edwige et Mimi attentives redoublaient alors de sanglots ! C'était pas le moment qu'elles s'arrêtent, ça lui aurait coupé la jouissance... »

A. Boudard,

Les Matadors, Plon, 1966

POIL

PRENDRE DU POIL DE LA BÊTE : *coïter.*

« Et pour cette occasion un certain docteur remarque que nos anciens pères vivaient plus longtemps que nous ne faisons à présent, parce, dit-il, qu'ils ne prenaient pas tant du poil de la bête qu'il leur vint à cœur, ainsi qu'il se pratique aujourd'hui. »

Cholières,

Les Neuf matinées, 1585

ÊTRE AU POIL ET À LA PLUME : *être bisexuel.*

« Sur la débauche, il avait de plus que lui d'être au poil et à la plume. »

L. de Saint-Simon,

Mémoires sur le siècle de Louis XIV et la Régence, 1692-1723, 1829

POINTE

POUSSER SA POINTE : *coïter (en parlant d'un homme).*

« Ce qui m'encourageait, surtout, c'était de voir, sur l'autre grabat, l'ami Gauthier poussant déjà sa pointe chez la camarade. »

A. R. Andrea de Nerciat,
Le Diable au corps, 1803

« Tiens, chien,
Foutu vaurien,
Pouss' ta pointe
Et n' dis plus rien. »

E. Debraux,
in J. Choux, *Le Petit citateur,* 1869

POIREAU

SOUFFLER DANS LE POIREAU : *pratiquer la fellation.*

« Mais pourquoi cesses-tu de m' souffler dans l' poireau ?... ça allait bien.

C'est pour respirer un peu, mon chéri... »

Lemercier de Neuville,
Les Jeux de l'amour et du bazar,
in *Le Théâtre érotique de la rue de la Santé,* 1864-1866

GLOUGLOUTER LE POIREAU : *idem.*

« Le taillage de plume est un Art essentiellement français. (...) La synonymie est extrêmement riche, et, (...), nous ne citerons parmi les synonymes que les plus importants. Les potaches, amateurs de sucre d'orge, emploient le terme très défectueux de “ sucer ” ; le bourgeois dit “ travailler ” ; (...). On dit aussi “ glouglouter le poireau ou le cyclope ” chez les coloniaux... »

F. Carabin,
Traité didactique de la Plume, 1915,
in G. Legman, *Oragénitalisme,* Truong, 1970

SE DÉGOURDIR LE POIREAU : *coïter (en parlant d'un homme).*

« Des lycéennes il débauchait, il les emmenait même en partouse chez une vieille amie à lui, une savante gouine pas trop blécharde. Parfois il invitait Marcel, qu'il vienne aussi se dégourdir un peu le poireau, se divertir en quartette charnel. »

A. Boudard,
La Cerise, Plon, 1963

SE DÉGORGER LE POIREAU : *idem.*

« Merde ! Plus de capotes ! Fait chier ! J'ai vraiment envie de me dégorger l' poireau ! »

Tramber,
in *L'Écho des Savanes,* n° 107, 1992

S'ASTIQUER LE POIREAU : *se masturber.*

« J'ai une idée ! On va lui baisser le bénard, je lui mate les miches, en rêvant à une grosse et je m'astique le poireau ! »

Margerin,
Y'a plus de jeunesse, L'Écho des Savanes, Albin Michel, 1989

POISSON

AVALER LE POISSON SANS SAUCE : *coïter avec un homme qui n'éjacule pas, volontairement ou involontairement.*

« Ah ! combien l'apparence est fausse !
Au chaponneau point de cresson,
Et mon amphitryon sans sauce
Me fit avaler le poisson. »

Marcillac, in A. Delvau,
Dictionnaire érotique moderne, 1864

AIMER LE POISSON AUTANT QUE LA VIANDE : *être bisexuel.*

« — C'est pour ça que tu n'as jamais accepté le colis de Noël de Renée, Duffy ? Parce que tu en étais ?

— Je n'en étais qu'un petit peu, Renée. J'aime le poisson autant que la viande. Ce n'est pas un problème pour moi. Mais il n'a jamais été question de petits garçons, il n'y a jamais eu de petits garçons. »

D. Kavanagh,
La Nuit est sale, Gallimard, 1981

FAIRE LE POISSON SOUFFLEUR : *pratiquer la fellation, en rendant le sperme par les narines.*

« Donne-moi six sous et je te ferai le poisson souffleur. Quand je t'aurai sucé la queue je rendrai le foutre par le nez. »

P. Louÿs,
Trois filles de leur mère, 1926

POLARD

FOUTRE SON POLARD DANS LA TROUSSE : *coïter (en parlant d'un homme).*

« C'est un barbeau,
Qui n'avait rien de beau,
Qui m'a foutu sans s'cousse
Son polard dans la trousse ;
Et je jouissais tout comme un petit veau,
Tandis qu'avec ardeur
Il me foutait sa pin' dans l' c...œur. »

Je viens d'avoir quinze ans, chanson,
in *Anthologie hospitalière et latinesque,* 1911-1913

MENER LE POLARD PÊCHER LA CREVETTE : *idem.*

« (...) ils traversent les terres cultes et incultes (...), envahissent le soir les villages, se feutrent la nuit à cinq ou six dans les granges, sous les hangars, dans les fossés, sous les grands arbres, et repartent au petit matin, lestés d'un quignon trouvé Dieu sait comment et d'un tuyau qui vaut son pesant d'or : date et lieu d'embauche, durée du boulot, avantages en nature, possibilité de se bourrer la gueule ou de mener le polard pêcher la crevette. »

J.-P. Clébert,
La Vie sauvage, Denoël, 1953

POLICHE

AVOIR UN POLICHE DANS LE TUBE : *être enceinte.*

« Y a deux polkas dont l'une doit avoir un poliche dans le tube vu qu'elle pointe drôlement du baquet. »

Culbuteur 7, 1972

POLICHINELLE

AVOIR UN POLICHINELLE DANS LE TIROIR : *être enceinte.*

« Cette pauvre Tournevis a un polichinelle dans le tiroir. »

E. Villars,
Les Précieuses du jour, 1866

CLOQUER UN POLICHINELLE DANS LE TIROIR : *mettre enceinte.*

« C'est de coutume dans l'ascendance d'Antoinette cette défiance des épouseurs. Elle date de l'arrière-grand-tante Marguerite, fille de louchébems — tout le monde l'est dans la famille — à qui un beau commis entreprenant a jadis cloqué à la sauvette un polichinelle dans le tiroir. »

A. Simonin,
Du Mouron pour les petits oiseaux, Gallimard, 1960

POLITESSE

FAIRE UNE POLITESSE : *coïter (en parlant d'un homme).*

« N'est-ce pas, ma fille, qu'un âne peut très bien faire une politesse à une femme ?

Du moins, Madame, a-t-il bien ce qu'il faut pour cela. »

A. R. Andrea de Nerciat,
Le Diable au corps, 1803

« Maintenant à ma maîtresse,
Moi, je suis des plus contents,
Quand je fais ma politesse ! »

E. Debraux, in L. de Landes,
Glossaire érotique de la langue française, 1861

« N'empêche qu'elle avait l'air crevé, les mires en tire-lire ; une voix de cassis-cognac comme quand on s'est fait faire des politesses à vingt-cinq francs par tête... »

N. Casanova,
Le Journal à Nénesse, Ollendorff, 1911

POMMEAU

ASTIQUER LE POMMEAU : *masturber (un homme).*

« Moi, dans la foulée, j'y vais au yaourt, le moillien de comporter autrement quand une gonzesse t'astique le pommeau en te montrant des revues que si je serais le pape j'interdirais qu'on les vendisse dans les églises à la fin de la grand-messe. »

San-Antonio,
Dis bonjour à la dame, Fleuve Noir, 1975

POMPIER

FAIRE UN POMPIER : *pratiquer la fellation.*

« Elle sourit. Ça lui allait bougrement bien de sourire.

Elle avait des lèvres molles, épaisses, qui découvraient une belle denture de prognathe. (...)

Ah, ces lèvres ! Ça devait vous fondre dans la bouche. Des bonbons fondants. Maintenant qu'elle était servie, qu'elle mordait hardiment dans ses biscottes, il y avait plus qu'à se retirer.

Des lèvres à faire des pompiers qu'elle avait, pas d'erreur ! Je voudrais bien être biscotte... »

R. Guérin,
L'Apprenti, Gallimard, 1946

PONANT

VOYAGER AU PONANT : *être un adepte de la sodomie.*

« Et puis on dit qu'il voyageait itou au Ponant. C'est-à-dire en bon français, qu'il était un tantet vigeon, c'est-à-dire, révérence parler, sodomistre et athéistre : Dame la Justice l'en a repris comme de raison. »

Le Parasite mormon, 1650

PONTIFE

TUTOYER LE PONTIFE : *pratiquer la fellation.*

« Pour un demi-louis, sans que j'm'ébouriffe,
On peut — y en a tant qu'ont gâté les prix —
S'faire, dans toutes les langues, tutoyer l'pontife,
Sans que j'm'ébouriffe, pour un demi-louis. »

La Pierreuse consciencieuse, chanson,
in *Anthologie hospitalière et latinesque,* 1911-1913

« Le taillage de plume est un Art essentiellement français. (...) La synonymie est extrêmement riche, et, (...), nous ne citerons parmi les synonymes que les plus importants. Les potaches, amateurs de sucre d'orge, emploient le terme très défectueux de " sucer " ; le bourgeois dit " travailler " (...) On dit aussi (...) " tutoyer le pontife " chez les prélats. »

F. Carabin, *Traité didactique de la Plume,* 1915,
in G. Legman, *Oragénitalisme,* Truong, 1970

POPAUL (ou POPOL)

EMMENER POPAUL AU CIRQUE : *coïter (en parlant d'un homme).*

« À force d'emmener Popaul au cirque ; à force de se faire le coup du stylo sans capuchon et du serin en cage, les Bérurier ont fini par gagner le canard et sont heureux de vous dire que le caneton s'appelle Jules-Félix. »

San-Antonio,
Le Standinge selon Bérurier, Fleuve Noir, 1965

« Fatal, en grandissant, les touche-pipi poétiques, ça ne lui suffisait plus au vicomte... il voulait tout prosaïquement emmener un peu Popol au cirque. »

A. Boudard,
L'Éducation d'Alphonse, Grasset, 1987

(S')ÉTRANGLER POPAUL : *se masturber.*

« Y a des natures comme ça, qui peuvent pas encaisser de laisser un homme se fréquenter ou libre d'étrangler popol si ça lui chante. »

G. Sandry & J. Kolb,
P'tit Pote, La Couronne Littéraire, 1950

« Et j'ai pas fini, c'est pas une simple branlette fortuite, il s'étrangle popol des nuits entières, Félonian... la journée aussi sur sa chaise de cure... slaf ! slaf ! »

A. Boudard,
L'Hôpital, La Table Ronde, 1972

PORTE

DÉCHARGER À LA PORTE : *éjaculer hors du vagin.*

« Ah ! Parlez-nous de gros vits de la sorte !
Car se servir de froids godemichets,
Ou de prier qu'on décharge à la porte,
C'est ne goûter que plaisirs imparfaits. »

G. Sénac de Meilhan,
La Foutro-Manie, 1775

SE TROMPER DE PORTE : *sodomiser (une femme).*

« Se voyant traité d'la sorte,
Il dit qu'il s'est trompé d'porte,
Et veut m'fourrer son outil
Dans un trou qu'j'ai sous l'nombril. »

Le Parnasse satyrique du XIXe siècle, 1864

SE FAIRE ENCAUSTIQUER LA PORTE ÉTROITE : *se faire sodomiser (en parlant d'un homme).*

« On a tous ses manies, hein ? Balzac c'était d'écluser du caoua, Gide de se faire encaustiquer la porte étroite, Mauriac de nettoyer ses préservatifs à l'eau bénite, moi, c'est de foutre des heurtoirs de cuivre sur mes portes de suspense. »

San-Antonio,
Une Banane dans l'oreille, Fleuve Noir, 1977

PORTEMANTEAU

AVOIR UN PORTEMANTEAU DANS LE CALEÇON : *être en érection.*

« — (...) Lucky, marre-toi ! regarde ce portemanteau qu'il a dans son cal'çon !

— Tilou, t'es pas marrant ; on dirait que t'as jamais rien vu, t'es un vrai dégueulasse.

— Non mais, Lucky, mate-moi ce morceau qu'il a, le Bernard ! »

R. Fallet,
Banlieue Sud-Est, Domat, 1947

POSTICHE

BECQUETER LE POSTICHE : *pratiquer le cunnilinctus.*

« Quand on aime, pas besoin de se poser en terrain balisé : c'est bon partout. L'être aimé, vous devez avoir la secousse aussi bien en lui caressant le mollet qu'en lui becquetant le postiche. »

San-Antonio,
Béru et ces dames, Fleuve Noir, 1967

POSTILLON

DONNER LE POSTILLON : *introduire le doigt (l'index) dans l'anus d'une femme ou d'un homme, pour accroître la jouissance, au cours du coït ou de la masturbation.*

« L'agréable postillon que me donnait Dom Ribaudin faisait merveilles. J'étais, ils étaient aux cieux. Nous fondîmes comme la cire sur un brasier : nous pâmâmes, nous roulâmes et demeurâmes bien (au dire des témoins) quatre minutes sans donner signe de vie. »

A. R. Andrea de Nerciat,
Le Diable au corps, 1803

« M. Delval n'était déjà plus le même au bout de quinze jours : il ne bandait plus, je m'échauffais les mains à le faire bander, à lui chatouiller les couilles, à lui donner le postillon. »

Vingt ans de la vie d'une jolie femme, ou Mémoires de Julia R., 1830

FAIRE POSTILLON : *idem.*

« La femme d'une main lui pelote la couille,
L'autre, dans mille endroits, en tous sens le chatouille ;
L'homme, de la main droite, ou lui fait postillon,
Ou la glisse en-dessous et lui branle con. »

L. Protat,
Examen de Flora, 1846

« Oui, tout ce que tu voudras, tout... Je serai bien cochonne, tu verras... Tu pourras me baiser autant que tu voudras... Je te branlerai, je te sucerai, je te ferai postillon... tu jouiras !... »

Lemercier de Neuville,
Les Jeux de l'amour et du bazar,
in *Le Théâtre érotique de la rue de la Santé,* 1864-1866

POT

CASSER LE POT : *sodomiser.*

« Un soir, dans une chambrée, trois soudards ivres — de vieux rengagés naturellement — avaient “ cassé le pot ” d'un jeune soldat. Au préalable, ils l'avaient roué de coups pour le faire tenir tranquille et l'avaient maintenu à deux sur son lit pendant que le troisième camarade s'efforçait de pénétrer par des voies non frayées. »

M. Fombeure,
Soldat, Gallimard, 1935

« Comme il est, en bon ancien légionnaire, un peu à voile et à vapeur, le môme lui déplaît pas non plus, il lui casserait facile le pot ! »

A. Boudard,
Cinoche, La Table Ronde, 1974

« Le gasier à Serge, lui, casser le pot, y craignait pas. La clarinette, il l'enviandait fissa dans tout ce qui se présentait comme un trou et pas qu'à moitié. Reluisaient tous les deux à tous les coups, et l'enfileur et l'enfilé. Coup de foudre et accord parfait. »

J. L. Degaudenzi,
Zone, Fixot, 1987

POTAGE

PRENDRE DU POTAGE À LA BITE : *coïter (en parlant d'une femme).*

« Que même ses demoiselles lui conseillaient, étant la médecine fort aisée à prendre, comme elles disaient à leur maîtresse, vu qu'il ne fallait que prendre du potage à la bite. »

G. Bouchet,
Serées, 1598

POUDRE

TIRER SA POUDRE AUX MOINEAUX : *éjaculer (au terme d'un coït ou d'une excitation manuelle), au lieu de ménager son sperme pour coïter, avec une autre femme, ou alors peu après.*

« — À vos ordres, Madame la Comtesse. Mais daignez encore y penser. Bien éloigné de prévoir la suprême faveur qui m'attendait ici, j'ai fait avant de partir mes tendres adieux à ma chère bienfaitrice : et, franchement, je vaux bien peu de chose à l'heure qu'il est.

— Eh bien, Monsieur, on vous fera valoir. Oh, le grand maladroit qui, se proposant de venir ici, ne conçoit pas qu'il convenait auparavant de ne point tirer sa poudre aux moineaux ! »

A. R. Andrea de Nerciat,
Le Diable au corps, 1803

« Mais, maladroite, tu vas lui faire tirer sa poudre aux moineaux ! Il a ce soir bien meilleure occasion de l'employer. »

L'École des biches ou mœurs des petites dames de ce temps, 1863

POUSSE-CAFÉ

PRENDRE SON POUSSE-CAFÉ : *coïter après un repas.*

« Le Vicomte (se faufile sous les jupes de ces dames ; il trouve, chez la Comtesse, certaine humidité, vestige de sa passade avec Joujou.)

Ah ! je pense que Mme la Comtesse a déjà pris son pousse-café ? »

A. R. Andrea de Nerciat,
Le Diable au corps, 1803

PRAIRE

GNOUGNOUTER LA PRAIRE : *pratiquer le cunnilinctus.*

« Les accoucher de leurs pulsions et impulsions, répulsions ; la lyre ! Les comment qu'elles se gnougnoutaient la praire, au pensionnat des Cuisses Ouvertes. »

San-Antonio,
Ça baigne dans le béton, Fleuve Noir, 1988

PRALINE

METTRE LA PRALINE EN DÉLIRE : *exciter sexuellement une femme.*

« Si Jésus-la-Caille la mirait, si il y serrait seulement la mimine ou si en guinchant il y frôlait le nombril, elle sentait quelque chose de chaud qui y mettait la praline en délire. »

P. Devaux,
Jésus-la-Caille traduit en langue verte,
Éditions de la Nouvelle Revue Critique, 1939

AVOIR LA PRALINE EN DÉLIRE : *être sexuellement excitée.*

« Le séjour dans le bled olympien n'était pas toujours marrant pour Jupiter. Sa ménesse, la terrible Junon, qui avait perpétuellement la praline en délire était jalmince comme une tigresse et y faisait sans cesse des scènes... »

P. Devaux,
Les Dieux verts, Éditions de la Nouvelle Revue Critique, 1943

PRALINET

FLATTER LE PRALINET : *caresser le clitoris.*

« (...) ils avaient chacun une nymphe sur les rotules et leur flattaient le pralinet d'une pogne pendant qu'ils choquaient leurs gobelets, de l'autre. »

P. Devaux,
Les Dieux verts, Éditions de la Nouvelle Revue Critique, 1943

PROCESSION

ÊTRE DE LA PROCESSION : *être homosexuel.*

« Ne parlons pas de femmes devant lui ; il est de la procession. »

J. Le Vallois, in A. Delvau,
Dictionnaire érotique moderne, 1864

PROSPER

EMMENER PROSPER AU CIRQUE : *coïter (en parlant d'un homme).*

« Babylas, il y a six marqués à peine, avait du bide, était raide comme un passe-lacets *(sic)*, une escouade de petits pucerons était piquée dans son tarin comme sur une peau d'orange ; le matin, il avait comme un goût de frometon sur la bavarde, et donc, comme il cognait du tabernacle, il emmenait jamais Prosper au cirque et ronflait avec son hautbois sous le bras. »

P. Devaux,
La Langue verte et les Propos de l'affranchi, Hazan, 1936

PRUNIER

SECOUER LE PRUNIER : *coïter (en parlant d'un homme).*

« Mais sitôt qu'on a quitté la table, les voilà qui se racontent leurs parties de jambes en l'air, les chérubines. Et comment qu'il vous secoue bien le prunier, le petit Robert, comment qu'il est outillé pour l'extase, le nombre de fois qu'il peut recommencer jusqu'à ce qu'on demande grâce. »

San-Antonio,
Le Standinge selon Bérurier, Fleuve Noir, 1965

PURÉE

BALANCER LA PURÉE : *éjaculer.*

« Donc il a balancé la purée, il décroche, reprend ses esprits. L'espace d'une demi-minute, il est de retour dans le réel... le sordide mêlé dinguerie. Bérangère sur le lit halète, soupire, gémit. Elle a plus de mal que lui à sortir du délire sexuel, à faire baisser la fièvre perverse. »

A. Boudard,
Les Enfants de chœur, Flammarion, 1982

ENVOYER LA PURÉE : *idem.*

« Et quand j'ai envoyé la purée, je sais pas, moi, c'est grandiose ça. »

Actuel, octobre 1984

Q

QUÉQUETTE

TREMPER SA QUÉQUETTE DANS LE GREFFIER : *coïter (en parlant d'un homme).*

« — T'as été con, lui glisse Milo en lousdoc, elle t'aurait laissé tremper ta petite quéquette de balayeur dans son greffier. »

A. Boudard,
Les Combattants du petit bonheur, La Table Ronde, 1977

QUEUE

AVOIR LA QUEUE VERTE : *être vigoureux en amour (en parlant d'un homme d'un certain âge).*

« Quoique je sois tout blanc,
J'ai la queue verte pourtant. »

Le Parnasse des muses, 1633

AVOIR LA QUEUE DE VACHE : *être en érection.*

« Je me réveille, j'ai la gueule lourde et les mains droites et gauches. Je vois du blanc et j'ai la queue de vache... »

La Vie, tu parles, 1973-1983, Le Seuil, 1984

CIRER LA QUEUE : *pratiquer la fellation.*

« Vicieuse qu'elle était. Au début ça me branchait bien. L'avait qu'à ouvrir la bouche pour que j'bande. Quelle salope ! Et puis à la fin, de voir qu'elle était à tout le monde, qu'elle cirait toutes les queues qui traînaient sous son nez, j'me suis mis à flipper. J'l'ai lourdée. »

F. Lasaygues,
Vache noire, hannetons et autres insectes, Barrault, 1985

FAIRE QUEUE DE RAT : *perdre son érection au cours du coït.*

« Au coin du feu,
La mère dit à sa fille :
“ J’te souhaite un gars comm’ eux,
Qui t’en foutra
Bout-ci, bout-là ;
Et qui n’f’ra pas
Comm’ ton papa
Qui n’me baise pas sans faire queue d’rat. ” »

Les Artilleurs de Flandre, chanson,
in *Anthologie hospitalière et latinesque,* 1911-1913

QUILLE

ABATTRE LA QUILLE : *coïter.*

« Elles tâchent toujours d’abattre la quille du milieu. »

Tabarin,
Œuvres, 1622

« Mon pote et moi nous nous regardâmes. Lequel était le cave ? Celui qui attendait l’oseille dehors, dans le froid, pour pouvoir becqueter ; ou celui qui, pour une thune, abattait la quille avec la gonzesse dans une chambre bien chauffée ? »

F. Trignol,
Pantruche ou les mémoires d’un truand, Fournier, 1946

PLANTER LA QUILLE DANS LE JARDIN : *coïter (en parlant d’un homme).*

« Si fussiez allé chaque jour,
Cependant qu’Alix était fille,
Planter en son jardin la quille,
À l’envi chacun eût crié. »

E. Jodelle,
Eugène, 1574

R

RADADA

ALLER AU RADADA : *coïter.*

« Il cogne bien. Il frappe fort ! Il va p't'être plus au radada, mais ça reste du Jules ! »

San-Antonio,
La Sexualité, Fleuve Noir, 1971

RADIATEUR

SE FAIRE PURGER LE RADIATEUR : *éjaculer.*

« Un autre survient, un vieux. Rita essaie un sourire, sans y croire. Le vieux ne la regarde pas non plus. Lui, il doit calcer en maison spéciale, se faire organiser des féeries son et lumière par des demoiselles coûteuses et inventives. Les messieurs, plus ils sont aux as, plus il leur faut de la main-d'œuvre pour se faire purger le radiateur. »

San-Antonio,
Béru et ces dames, Fleuve Noir, 1967

RAGNAGNA

AVOIR SES RAGNAGNAS : *avoir ses règles.*

« Laisse béton, rien à tirer du zigue qui est parfaitement réglo. Tiens, c'est pas compliqué, à cause de sa pomme, c'te noille, j'ai fait un rêve comac, que j'en ai eu mes ragnagnas huit jourdés plus tôt que prévu ! »

J. M. Keurbé & M. Thiégurel,
Les Évangiles en argot, Éditions S.V.P., 1989

RAMIAOU

AVOIR SES RAMIAOUS : *avoir ses règles.*

« Dis donc Mammouth, dans vingt-quatre heures, je vais avoir mes mauvaises époques... on ferait bien d'en profiter ce soir... Une fois que j'aurais mes ramiaous, ce sera trop tard pour envisager la chose. »

J. Vautrin,
Mister Love, Denoël, 1977

RAMOLLO

SE TAPER UN RAMOLLO : *se masturber.*

« Nicole m'écrivait de longues lettres dont le parfum s'était envolé sur la table du juge d'instruction. Elle trouvait le moyen, la garce, de transpirer de la chagatte jusqu'à en mouiller le stylo. Ça devait faire triquer le jeune greffier hépatique qui dépouillait notre correspondance. S'il devait se taper des ramollos ! »

A. Boudard,
La Cerise, Plon, 1963

SE TAILLER UN RAMOLLO : *idem.*

« Ses palucheries, y a que dans la piaule la nuit que ça dérange. On s'y fait aussi, comme aux crachats, aux postes de radio hurleurs. Madame Riquewihr, tout de même ça la gêne lorsqu'elle se pointe à l'improviste et que cézig, slaf ! slaf !, se taille son ramollo. »

A. Boudard,
L'Hôpital, La Table Ronde, 1972

RAMONÉE

FILER UNE RAMONÉE : *coïter (en parlant d'un homme).*

« J'ai eu beau filer une ramonée sublime à la petite Heidi, et sans me poser en surhomme, je t'assure qu'il me resterait de beaux restes. Des restes dont tu ferais tes choux gras, petite salope ! »

San-Antonio,
Plein les moustaches, Fleuve Noir, 1985

RASSIS

SE BIGORNER UN RASSIS : *se masturber.*

« Les jetons ça va quand tu es dans un bon fauteuil, mais essaie de te bigorner un rassis quand tu es sur un moignon de branche qui a juré de t'entrer dans les miches. »

A. Paraz,
Une Fille du tonnerre, Martel, 1952

SE COGNER UN RASSIS : *idem.*
« (...) un autre, un nouveau parmi eux, employait improprement une expression qui signifiait " bouffer de la chatte ", un matin, pour dire qu'il s'était cogné un rassi *(sic)*, disait : " J' m'ai fait un retour de paupière à la volée. " »

J. Genet,
Miracle de la rose, 1943,
in *Œuvres complètes,* Gallimard, 1951

SE COLLER UN RASSIS : *idem.*
« Surtout que ça manquait furieusement de pisseuses, dans c't' cambrouse au diab', et que j'en avais déjà quine de me coller tous les soirs un rassis à s' santé. »

M. Stéphane,
Sirènes de cambrouse et Margots des bois,
Éditions de la Nouvelle Revue Critique, 1931

SE TAILLER UN RASSIS : *idem.*
« Ces deux ordures étaient en train de se tailler des rassis dans le caleçon, tout en se suçant la poire. De temps en temps, le barbu s'essuyait la bave du revers de la manche, crachait un jus de chique, et ils remettaient ça dare-dare. »

M. Raphaël,
Ainsi soit-il, Éditions du Scorpion, 1947

SE TAPER UN RASSIS : *idem (en parlant d'une femme, dans la 2e citation).*
« Si j'étais dehors en promenade avenue du Bois, sûr que je me détroncherais au passage de cette pouliche... Son parfum Dior ? Chanel ? Coco ? arrive jusqu'à mes narines. L'Algérien client qui remonte vers son trou en titube... Il va se taper un drôle de rassis ce soir, officiel !... »

A. Boudard,
La Cerise, Plon, 1963

« La poupée témoignait également d'un effrayant tonus, mais dans un registre plus folichon. Culbutée sur un tas de fagots, un épi de maïs dans le minet, elle se tapait un rassis lyrique. »

M. Audiard,
Le P'tit cheval de retour, Julliard, 1975

RAT

ÉTRANGLER LE RAT : *coïter (en parlant d'une femme).*

« — Ma mie, ma mie, dit l'abbesse, le vôtre n'est qu'un petit minon : quand il aura autant étranglé de rats que le mien, il sera chat parfait ; il sera marcou, margaut et maître mitou... »

Béroalde de Verville,
Le Moyen de parvenir, 1612

RENSEIGNEMENT

ALLER AU(X) RENSEIGNEMENT(S) : *faire des caresses intimes à une femme ou à un homme (pour apprécier les appas et tester les réactions).*

« Joseph, qui venait de recevoir le lolo gauche de Mme Putiphar dans le chasse droit, crut qu'il allait cronir, et même en se débattant, il pouvait pas se dégager de la ravageuse qui, en allant vachement aux renseignements, avait, de sa fourchette magique, transformé le bigoudi en galoubet ! »

P. Devaux,
Le Livre des darons sacrés, Éditions L'Humour des Temps, 1960

« On est maintenant dans le noir, dans un recoin. Je l'ai collée contre le mur et je vais direct au renseignement. Je la trousse... je remonte sa jupe, déjà elle écarte les cuisses, je vais la prendre en force... je tire sur son slip, je l'arrache ! »

A. Boudard,
Le Café du pauvre, La Table Ronde, 1983

RÉSÉDA

ARROSER SON RÉSÉDA : *coïter (en parlant d'une femme).*

« — Le bouleversement te va bien, Adrienne, affirme galamment Bérurier. Pour une gamine qu'a pas arrosé son réséda depuis les années 30, tu marnes du réchaud comme une médaillée olympique. »

San-Antonio,
J'ai essayé, on peut !, Fleuve Noir, 1973

RHUME

ATTRAPER UN RHUME : *contracter une maladie vénérienne.*

« — Vieux Jo, j' suis pas rassuré, je crois que j' suis plombé.

— Une chaude-pisse ?

— J'en sais rien, j'en ai jamais eu. Y a trois petits boutons dégueulasses au bout.

— (...) Où qu' t'as attrapé ça ?

— Avec une pécore, y a une semaine. Quelle morue...

— (...) Tu t'étais pas nettoyé, après ?

— Non.

— Jeunesse ! C'est comme ça qu'on attrape les rhumes. »

R. Fallet,
Banlieue Sud-Est, Domat, 1947

RIDEAU

GRIMPER AUX RIDEAUX : *jouir de l'orgasme.*

« Ce gusman doit connaître des éjaculations précoces, ce qui est toujours déplorable pour sa partenaire, obligée d'attendre un problématique second service pour pouvoir grimper aux rideaux. »

San-Antonio,
Fais-moi des choses, Fleuve Noir, 1978

RIF

AVOIR LE RIF AU CROKSCHUTZ : *être très ardente, sexuellement surexcitée.*

« On dit que les Judéennes sont des plus olpiches, qu'elles ont des chasses de braise et le rif au crokschutz : tu m'en choisiras deux bonnes douzaines à seule fin que j' me les farcisse, mais avant, tu leur feras gaffer les échalotes par ton toubib d'état-major, vu que j'ai pas envie qu'elles me cloquent des charançons dans les farceuses. »

P. Devaux,
Le Livre des darons sacrés, Éditions L'Humour des Temps, 1960

RIZ

REFOULER LE RIZ : *sodomiser (une femme).*

« Pour l'autre côté, dame, rien à faire. Pourtant les femmes aiment ça. J'en avais une à Alep que j'avais bien dressée. Une chouette petite poule de bordel. Mais de ce côté-là elle était pucelle comme père et mère. Ah mais je lui ai dit : page trois cent cinquante-huit. Tourne-toi qu'on passe à la page trois cent cinquante-neuf. Amène-toi que je te refoule ton riz !

Elle voulait rien savoir. Ah mais pardon, Toto sait causer aux femmes. Pan, pan, trois, quatre pains dans le buffet. Je lui retourne la gueule et hop, à la casserole. Elle gueulait comme un veau. Mais pardon ! Au bout de huit jours elle en redemandait. »

M. Fombeure,
Soldat, Gallimard, 1935

ROBINET

LÂCHER LE ROBINET À EAU CHAUDE : *éjaculer.*

« Nous nous mettons pourtant en route pour la danse ; mais en passant dans le chemin du théâtre Seveste, un fossé dont l'herbe était très belle l'invita à s'asseoir pour s'y reposer. Je savais ce que cela voulait dire ; ces repos si fréquents devenaient un travail pour moi, je me mis de plus belle à l'ouvrage, mais cette fois c'est moi qui me fis attendre, ne pouvant venir à bout de lâcher le robinet à eau chaude. »

Les Amours secrètes de M. Mayeux, 1832

ROND

PRENDRE DU ROND : *se faire sodomiser (en parlant d'un homosexuel) ; idem (en parlant d'une femme).*

« Ces cris (Mignon dira : “ Elle perd ses cris ”, comme il pensait : “ Tu perds tes légumes ” ou “ Tu prends du rond ”) étaient un des tics que Divine avait dérobés à Mimosa I. Quand, avec quelques autres, elles étaient réunies dans la rue ou dans un café de tantes, de leurs conversations (de leurs bouches et de leurs mains) s'échappaient des fusées de fleurs au milieu desquelles elles se tenaient de la façon la plus simple du monde, discutant de sujets faciles et d'ordre ménager...

J. Genet,
Notre-Dame des Fleurs, 1942,
in *Œuvres complètes,* Gallimard, 1951

« Tino prend du rond...

— Tu l'as déjà dit.

— Oui, mais ce que vous ne savez pas, c'est qu'il prend son pied. Il a tapiné devant chez Graff et devant l'Omnibus. Il racolait en faisant le cercle avec le pouce et l'index ce qui indique, comme vous le savez, qu'il se fait baiser et ne se contente pas de sucer, comme 80 % des tapineurs, travelos ou non. Tino aime ça. Plus elles sont grosses, plus il est content. »

M. Vincent,
Les Dossiers du vice, Éditions de la Pensée Moderne, 1976

« — C'est comme ses fesses, poursuivait Bébert, elles sont chouettes ses fesses ! (...)
— Elle doit prendre du rond comme une princesse ! ajoutait Bébert pour flatter, ruisselant de gentillesse. »

M. Audiard,
Le P'tit cheval de retour, Julliard, 1975

FENDRE LE ROND : *sodomiser (une femme).*
« Moi, quand ma femme me dit non,
Qu'elle a ses affaires,
Je la r'tourne et j' lui fends l' rond.
V'là mon caractère. »

Le Trou qui pète, chanson,
in *Anthologie hospitalière et latinesque,* 1911-1913

ALLER AU ROND : *sodomiser.*
« Alors, comme ça, t'es un homme, fillette ?
demande-t-il à la pin-up.
Elle bat des cils.
— Si peu...
— Et le Cricri va au rond ?
— Même pas.
— Ben alors, pourquoi qu' tu pagnotes avec lui ?
— Comme ça... »

San-Antonio,
Certaines l'aiment chauve, Fleuve Noir, 1975

RONDELLE

ÊTRE DE LA RONDELLE DANSANTE : *être homosexuel (passif).*
« Un léger gloussement. Je me dis qu'elle doit être de la rondelle dansante, l'Altesse. A cause de son petit rire énervé, de sa voix

fluette. Des fois qu'il y a eu maldonne à la base et qu'on l'a déguisé en eunuque quand il était moufflet, ce bon prince. »

San-Antonio,
Ma Langue au Chah, Fleuve Noir, 1969

SE FAIRE TRAVAILLER LA RONDELLE : *se faire sodomiser (en parlant d'un homme).*

« Tu seras pas " légionnaire ". Ta place sera pas dans une compagnie mais au pénitencier ou aux Trav's pour servir de girond à ceux qui aiment la " terre-jaune "... et sois tranquille, on fera tout c' qu'y faut pour t'y envoyer. Ça t'irait ce truc-là ? D'aller servir de putain et te faire travailler la rondelle toutes les nuits ? »

A. Sylvère,
Le Légionnaire Flutsch, Plon, 1982

DÉFONCER LA RONDELLE : *sodomiser (un homme).*

« Rev'nez que j' vous dis ! Parole de Raymond, j' vais vous défoncer la rondelle ! Grrrr !!! »

Tramber,
Pas de cadeau à Gromago, L'Écho des Savanes, Albin Michel, 1989

MOUVOIR LA RONDELLE : *masturber (une femme).*

« Fectivement, quand à s' tour l' soubrette fut en petit saint Jean, v'là mes deux léchebiennes, qu'on appelle, qui s'enlacent amoureusement d'un bras, et bouche à bouche, tandis que, chemise retroussée de l'aut' main, elles se mouvaient l' rondelle avec ardeur, tout en pieds comme elles étaient encore, parmi leurs dépouilles. »

M. Stéphane,
Ceux du trimard, Grasset, 1928

« Paraîtrait que le goncier mouvait l' rondelle à s' patronne, tout comme ça, sans se gêner, sus l' banquette stapendant qu'il tenait les rênes del aut' main. T' parles d'une rage, alors, et d'une moukère qu'a des tisons au cul ! »

M. Stéphane,
Sirènes de cambrouse et Margots des bois,
Éditions de la Nouvelle Revue Critique, 1931

ROSE

EFFEUILLER UNE ROSE : *pratiquer l'anilinctus.*

« Que lui demanda-t-il pour un aussi énorme sacrifice ?
Le coup du chapeau du commissaire ?
De lui faire boule de neige ?
De lui effeuiller une rose ?
Comme le prince était un robuste, gourmand et gourmet, il lui demanda tout, ce qu'elle s'empressa de faire... »

C. Virmaître,
Les Flagellants et les flagellés de Paris, C. Carrington, 1902

ROSÉE

DARDER LA ROSÉE DE VIE : *éjaculer.*

« Bref : la duchesse est... violée !... — La loi d'une guerre de siège est que le vainqueur ne fasse aucun quartier quand la place succombe à l'assaut ; ainsi notre adorable conquérant fait des siennes à toute outrance et darde la rosée de vie sans le moindre ménagement. Le peu de part que semble prendre l'assiégée à la joie de ce triomphe, ne veut pas dire qu'elle y soit tout à fait insensible. Elle a goûté (peut-être en dépit d'elle-même) le plus vif des plaisirs. »

A. R. Andrea de Nerciat,
Les Aphrodites, 1793

ROSETTE

ENFILER LA ROSETTE : *sodomiser (une femme).*

« Il emplit le trou du cul de Mme Vitnègre de beurre frais, s'en frotte le vit décalotté, se met le bas-ventre sur ses fesses, enfile la rosette sans écouter les petits cris de l'enculée, l'étreint vigoureusement, se retourne en se mettant sur dos, le vit dans le cul de la belle jusqu'à la garde, son con bien facé... »

N. E. Restif de La Bretonne,
L'Anti-Justine, 1798

DÉFONCER LA ROSETTE : *idem.*

« Et, par trois fois, s'astiquant la quéquette,
Il se branla.
Mais il ne put défoncer ma rosette ;
Il débanda ; oui, il débanda. »

Les Bouchées à la Reine, chanson,
in *Anthologie hospitalière et latinesque,* 1911-1913

S'EN FAIRE CALER UNE DANS LA ROSETTE PAPILLON : *se faire sodomiser (en parlant d'un homosexuel).*

« — Son grand truc, à l'ordure, c'était de chasser le pédé. Tu les vois à Austerlitz et dans le coinsto, les tantes... Y draguent le zonard. Paraît que ça encule bien, le pauvre type. Mieux que l'assuré social... On le dit. Tu bandes plus farouche, plus sincère quand t'es descendu plus bas. Et faut croire que c'est pas souvent que ces chochottes exigeantes en ont une bien désespérée, bien honnête avec elle-même à se faire caler dans la rosette papillon... »

J. L. Degaudenzi,
Zone, Fixot, 1987

ROSSIGNOL

METTRE LE ROSSIGNOL EN CAGE : *coïter (en parlant d'un homme).*

« Celui-ci ne sera jamais, ce lui semble, assez à temps entre les bras de cette fille, tant il est échauffé. Toutefois il peut bien faire à son aise, car la caille est sienne, ou, pour mieux dire, il mettra le rossignol en sa cage. »

P. de Larivey,
Le Laquais, 1579

« Un quiétiste, ardent comme un tison,
Mettant un soir son rossignol en cage... »

J. B. Rousseau,
Épigramme XXVIII, in *Œuvres,* 1712

ROUDOUDOU

AVOIR SES ROUDOUDOUS : *avoir ses règles.*

« La femme active qui s'aperçoit qu'elle a ses roudoudous en marchant dans la rue pourra se mettre ce tampon dans le riquiqui sans que personne ne s'en aperçoive... »

Zéro, n° 1, avril 1986

ROUTE

SE FAIRE EXPLIQUER LA ROUTE DE SAINT-CLAUDE : *se faire faire une fellation.*

« (...) désormais tous les films qui sortent — ou presque — sont pornogéniques. Dans les trois derniers que j'ai vus, y'avait : un jeune homme de bonne famille qui s'embourbait madame sa maman ; deux messieurs qui se battaient pour rire, strictement à poil, avec leurs zézettes qui flambergeaient au ventre, enfin un soldat ricain qui se faisait expliquer la route de Saint-Claude par une dame putain sous le porche d'une église. »

San-Antonio,
La Sexualité, Fleuve Noir, 1971

RUE

ALLER DANS LA RUE AUX PETS : *sodomiser (une femme).*

« L'autre jour, la femme d'Alphonse
Me dit : " C' mec-là, y m' défonce :
Il a un vit comme un mulet.
Quand y va dans la Rue aux Pets
On dirait qu'il pousse une enclume ;
J' vais finir par perdre mes légumes. " »

Madame Armandine,
in *Anthologie hospitalière et latinesque,* 1911-1913

RUTABAGA

S'ASTIQUER LE RUTABAGA : *se masturber.*

« De sa cellule située à l'angle de l'escalier du premier étage, il avait une vue stratégique. N'apercevant pas l'ombre d'un casque ou d'une matraque, il allait se rezoner, attendre le dernier moment pour gagner son atelier, il avait justement le dernier Mayfair pour s'astiquer un peu le rutabaga, on a la solitude florissante par ces chaleurs... »

A. Dubrieu,
Le Désert de l'Iguane, Ramsay, 1979

S

SABOT

CASSER LE SABOT : *déflorer.*

« Conservez bien votre chaussure,
Fille sans finesse et sans art ;
Pour vous ôter cette parure,
Souvent on vous guette à l'écart.
Le coin d'un bois, l'herbe nouvelle,
Un mouvement, le moindre mot,
Un rien fait broncher une belle,
Un rien lui casse son sabot. »

Pigault-Lebrun,
Les Sabotiers, 1796

« Elle aurait bien voulu, cette pauvre môme, se faire casser le sabot et y aller d'un petit zizi, histoire de se donner de l'instruction et de s'émécher un peu le dardant avec un chauffeur qui lui aurait botté... »

N. Casanova,
Le Journal à Nénesse, Ollendorff, 1911

SABRE

DÉROUILLER SON SABRE : *coïter (en parlant d'un homme).*

« — Je connais aux moins dix façons de dire qu'on va faire l'amour. (...)

— (...) Caramboler. Nettoyer son verre de lampe. Dérouiller son sabre. Foutre. Filer un coup d'arbalète. Piner. »

R. Trubert,
Succube, Gallimard, 1947

SAINFOIN

BOULOTTER LE SAINFOIN : *pratiquer l'anilinctus.*

« J'pris à sa place un paysan
Qui sait bien travailler la terre :
C'est un grand garçon à l'œil terne,
De plus, bête à manger du foin.
J'lui fais brouter tout'ma luzerne,
J'lui fais boulotter mon sainfoin. »

E. Codey,
Luzerne et Sainfoin, chanson, 1908, in *Fascination* n° 12, 1981

SAINT

DÉCOUVRIR SAINT PIERRE POUR HABILLER SAINT PAUL : *se retirer du vagin pour sodomiser.*

« Me voilà donc prise en levrette à la volée... et bourrée, Dieu sait ! (...) Mon embonpoint, l'attitude, le souper, tout cela fait qu'au moment décisif il m'échappa une petite incongruité. Je t'entends, l'ami, dit-il, mais point de jalousie, il y en a pour tout le monde. En même temps, découvrant saint Pierre pour habiller saint Paul, il vous plante à l'indiscret un bâillon... »

A. R. Andrea de Nerciat,
Les Aphrodites, 1793

FÊTER À LA FOIS SAINT NOC ET SAINT LUC : *pratiquer le coït vaginal et le coït anal.*

« Il l'a fait quatorze fois à cette femme.
Quatorze !...
Bien rondement, en huit heures.
C'est donc à dire vingt-huit fois, car, avec elle, tout coup est double, attendu qu'on y fête à la fois et saint Noc et saint Luc. »

Ibidem.

GONFLER SAINT NŒUD : *mettre en érection.*

« (...) secundo : pour apaiser la cuisante réalité pressante qui lui gonflait saint nœud, expédier, dès après la séance garycoopérienne pour adultes, la petite vouée au bleu (impucelage tant que mari y a pas) en un rencard ultérieur et trouver subito une partenaire bénévole pour baiser presto... »

R. Trubert,
Succube, Gallimard, 1947

SALÉ

FAIRE PETIT SALÉ : *lécher et sucer les orteils.*

« Mony respecta l'évanouissement d'Hélène. Il lui retira les bas et commença à lui faire petit salé. Ses pieds étaient jolis, potelés comme des pieds de bébé. La langue du prince commença par les orteils du pied droit. Il nettoya consciencieusement l'ongle du gros orteil, puis passa entre les jointures. Il s'arrêta longtemps sur le petit orteil qui était mignon, mignon. Il reconnut que le pied droit avait le goût de framboise. La langue lécheuse fouilla ensuite les plis du pied gauche auquel Mony trouva une saveur qui rappelait celle du jambon de Mayence. »

G. Apollinaire,
Les Onze mille verges, 1907, L'Or du Temps, 1970

PONDRE UN SALÉ : *accoucher.*

« Moi, ma femme ! c'est un' grenouille,
E' pond un salé tous les ans,
Et l'sam'di quand j'boulott' la douille,
Ah ben ! malheur ! qué hurlements ! »

F. Mayrat, in H. France,
Dictionnaire de la langue verte, Librairie du Progrès, 1907

SANGSUE

DÉGORGER SA SANGSUE : *coïter (en parlant d'un homme).*

« — Trop de sang, nom de Dieu ! s'écriait le capitaine ; le sang m'étouffe ! J'ai besoin d'une saignée.

— Oui, répliqua le médecin-major, il vous faut dégorger votre sangsue. »

Les Propos du Commandeur, in H. France,
Dictionnaire de la langue verte, Librairie du Progrès, 1907

FAIRE DÉGORGER LA SANGSUE : *pratiquer la fellation.*

« Le taillage de plume est un Art essentiellement français. (...) La synonymie est extrêmement riche, et, (...), nous ne citerons parmi les synonymes que les plus importants. Les potaches, amateurs de sucre d'orge, emploient le terme très défectueux de “ sucer ” ; le bourgeois dit “ travailler ” ; (...) l’apothicaire, “ faire dégorger la sangsue ”... »

F. Carabin,
Traité didactique de la Plume, 1915,
in G. Legman, *Oragénitalisme,* Truong, 1970

SAUCE

TÂTER DE LA SAUCE : *coïter (en parlant d’une femme).*

« Il ne put venir que longtemps après, ce qui fâcha fort la femme qui s’ennuyait de rester si longtemps sans tâter de la sauce. »

A. Le Métel d’Ouville,
Contes aux heures perdues, 1644

SAUCISSE

ROULER UNE SAUCISSE : *donner un baiser, langue en bouche.*

« Savez-vous ce qu’on appelle en argot “ rouler des saucisses ” ? Parbleu, vous ne connaissez que cela. Eh bien ! ici, P’tit Louis “ roule des saucisses ” à Suzanne. En d’autres termes, il l’embrasse sur la bouche, ou plutôt dans la bouche, profondément, d’une façon savante. »

E. Heuzé,
Monsieur Victor, Les Éditions de France, 1931

« Alors comme ça menaçait de durer, j’me suis dit, faut bien y arriver tout de même. J’y ai roulé deux, trois, saucisses !...

J’commence à y caresser les cannes. La v’là qui commence à partir !... »

Simonin & Bazin,
Voilà taxi !, Gallimard, 1935

SAUTE-MOUTON

JOUER À SAUTE-MOUTON : *pratiquer la sodomie (en parlant d’homosexuels).*

« Aussi la plupart des messieurs-demoiselles du Bois de Boulogne évitent-ils la grande étreinte, laquelle faisait dire une nuit, à une petite bonne, égarée dans les sentiers obscurs :

— Ah ! des hommes qui jouent à saute-mouton ! »

P. Prille,
Bois de Boulogne, bois d’amour, Éditions Montaigne, 1925

SAVON

SE FAIRE UN SAVON : *se masturber.*

« (...) les travailleurs immigrés n'ont plus le droit de baiser, ils peuvent juste se faire un savon... »

Actuel, novembre 1979

SAVONNEUSE

FAIRE UNE SAVONNEUSE : *masturber (un homme).*

« Dites-leur d'embarquer, aboie-t-il, le président vénéré a horreur d'attendre, il est déjà en pleine surexcitation et il a fallu lui faire deux savonneuses avant d'arriver. »

San-Antonio,
Viens avec ton cierge, Fleuve Noir, 1978

SÈGUE

SE TAPER UNE SÈGUE : *se masturber.*

« 18 heures 30. Si je me tapais une sègue ? C'est l'heure. Faut que j'aie un sujet. Mes doigts ne me procurent de volupté que dans le souvenir. »

G. Guégan,
Un Silence de mort, Lattès, 1975

SEMOULE

ENVOYER LA SEMOULE : *éjaculer.*

« Toi le grand, qui magne bien le rasoir, à genoux. Suce ton frangin. Quand il aura envoyé sa semoule, tu suceras ton pote. Tu te feras éponger le dernier. »

J. Cordelier,
La Dérobade, Hachette, 1976

BALANCER LA SEMOULE : *idem.*

« — Ça bande là-dedans ? s'inquiétait pour la forme l'adjudant, le sergent-chef, je ne sais au juste.

— Et ça se dégorge, rétorquait la taulière... Une formule de ce style... ça balance la semoule ! »

A. Boudard,
La Fermeture, R. Laffont, 1986

SERRURE

SE FAIRE LIMER LA SERRURE : *coïter (en parlant d'une femme).*

« Le second lunatisme du mariage vous devrait être agréable, parce que la lune vous fait cet honneur de vous tenir pour l'un de ses confrères, ce qui advient lorsque votre femme se fait limer sa serrure par un autre lunatique : alors vous portez les cornes lunatiques le plus gentiment de France. »

Cholières,
Les Après-disnées, 1587

GRAISSER LA SERRURE : *éjaculer dans le vagin.*

« Tom s'approche de moi, en reboutonnant sa braguette, il puait le musc et la sueur crasseuse. Il me tapa sur l'épaule.

— T'endors pas, petite tête. Si ça te dit quelque chose la place est encore chaude là-bas. J'ai graissé la serrure. Ne te gêne pas, fais comme chez toi. »

M. Raphaël,
Ainsi soit-il, Éditions du Scorpion, 1947

SHAMPOOING

SE FAIRE DONNER UN SHAMPOOING À CHARLES LE CHAUVE : *se faire faire une fellation.*

« Vous savez, j'en ai entendu d'autres. J'ai fait la riflette mine de rien. Quand mes zèbres revenaient du bobinard, les soirs de permes, après s'être fait donner un shampooing à Charles le Chauve, comme ils disaient. Et des vertes et des pas mûres du même tonneau. »

R. Beauvais,
Le Français kiskose, Fayard, 1975

FAIRE UN SHAMPOOING AU PETIT : *coïter avec une femme enceinte.*

« Que dit un mec qui veut trombiner sa nana enceinte jusqu'aux dents... hé... hé...
Il dit : “ Viens chérie j'vais faire un shampooing au p'tit !!! ” »

Tramber,
Pas de cadeau à Gromago, L'Écho des Savanes, Albin Michel, 1989

SLIP

AVOIR LE SLIP AUX ABONNÉS ABSENTS : *être épuisé d'avoir trop coïté.*

« Les vadrouilleurs ont les chasses soulignés trois fois, les guibolles en coton et le slip aux abonnés absents. J'ai idée que ces dames ont été servies. »

San-Antonio,
Le Standinge selon Bérurier, Fleuve Noir, 1965

SOISSONNAIS

AVOIR LE SOISSONNAIS QUI FAIT ROBE À QUEUE : *être sexuellement excitée.*

« Seize piges elle a pour la fraîcheur de sensation, et le soissonnais qui fait robe à queue. »

A. Simonin,
Du Mouron pour les petits oiseaux, Gallimard, 1960

DÉGUSTER LE SOISSONNAIS : *pratiquer le cunnilinctus.*

« C'te pauvre Bacchus, c'qu'il était retourné. Tellement que pendant près d'un marqué c'est à peine si il s'était humecté le baigneur; c'est à peine si il avait voulu déguster le soissonnet nouveau paré de cresson-minute qu'y avait si gentiment offert sa bacchante qui y portait ses valetouzes. »

P. Devaux,
Les Dieux verts, Éditions de la Nouvelle Revue Critique, 1943

SOIXANTE-NEUF

FAIRE SOIXANTE-NEUF : *pratiquer conjointement un cunnilinctus et une fellation; une fellation réciproque; un cunnilinctus réciproque.*

« Que fait Bacchus, quand, accablé d'ivresse,
Son vit mollit et sur le con s'endort ?
Soixante-neuf ! et le vit se redresse ;
Soixante-neuf ferait bander un mort.
Ô clitoris ! ton parfum de fromage
Fait regimber nos engins glorieux ;
À ta vertu nous rendons tous hommage ;
Gamahuchons, c'est le plaisir des dieux ! »

Les Quatre âges du cœur ou le Plaisir des dieux,
in *Le Parnasse satyrique du XIXe siècle,* 1864

« Un matin, le prince Mony Vibescu, tout nu et beau comme l'Apollon du Belvédère, faisait 69 avec Cornaboeux. Tous deux suçaient goulûment leurs sucres d'orge respectifs et soupesaient avec volupté des rouleaux qui n'avaient rien à voir avec ceux des phonographes. Ils déchargèrent simultanément... »

G. Apollinaire,
Les Onze mille verges, 1907, L'Or du Temps, 1970

« Parfois, comme ça, quand il y avait un copain assez dessalé pour le demander à la sous-maîtresse, on se faisait faire une petite exhibition-maison dans une chambre. Ça les mettait en joie de voir deux morues, sur un matelas, qui se faisaient 69 ou une feuille de rose. »

R. Guérin,
L'Apprenti, Gallimard, 1946

SOLO

SE FAIRE UN SOLO DE GUITARE : *se masturber (en parlant d'une femme).*

« Et même, va-t-en savoir si, lorsqu'elle en avait classe de se faire un solo de guitare, le jardinier polisson grimpait pas dans sa carrée manière de prendre le thé ? »

San-Antonio,
L'Histoire de France, Fleuve Noir, 1964

JOUER UN SOLO DE PLUMEAU : *se masturber (en parlant d'un homme).*

« Sans un mot, cou passé dans l'entrebâillement de la porte, il lui avait présenté sa face cauchemardesque. Aussi sec, il avait refermé, puis installé, en tailleur, à la porte de l'officier, il avait entrepris de jouer un “ solo de plumeau ”. »

J. Risser,
Les Ringards de l'idéal, Vertiges, Carrère, 1987

SOU

CHANGER DIX SOUS POUR VINGT FRANCS : *être un adepte de la sodomie (en parlant d'un homme hétérosexuel).*

« — Parle pour toi, cochon, répondit Alice... tout le monde sait que tu changes dix sous pour 20 francs... Si c'est pas malheureux d'entendre des boniments comme ça... faut-il avoir du vice pour se servir de ce côté-là ! »

P. du Bourdel,
Mademoiselle de Mustelle et ses amies, J. Fort, 1911

SOUPE

FAIRE LA SOUPE AUX CHOUX : *avoir des relations homosexuelles (en parlant d'un couple d'hommes, jouant tour à tour le rôle actif et passif).*

« Je vais pouvoir, en attendant encore Gaston, vous finir mon roman d'amour avec l'aspirant Pradin. Vous devez vous questionner, fébriles, si finalement ce Bébé rose je lui ai fait son toucher rectal, si on n'a pas fait ensemble la soupe aux choux. »

A. Boudard,
Le Corbillard de Jules, La Table Ronde, 1979

SOURIS

PRENDRE LA SOURIS : *faire des caresses, des attouchements à une femme.*

« Le premier papillon qui vint se brûler à ma chandelle fut un gentilhomme de mes parents, qui me trouva si douce et si paisible que je ne lui donnai pas seulement un coup d'ongle lorsqu'il s'émancipa à vouloir prendre ma souris ; et il s'acquitta si vaillamment de son devoir, quand il porta la hardiesse plus avant, qu'au bout de neuf mois je lui fis porter deux beaux petits frères dont il m'avait engrossée. »

P. C. Blessebois,
Le Rut ou la pudeur éteinte, 1676

SOUVERAIN

SE FAIRE TÉLÉPHONER AU SOUVERAIN PONTIFE : se faire faire une fellation.

« En revanche, un quelqu'un en bon état a le droit de se confier l'intime à une demoiselle faite exprès pour, sans que six mirontons le regardent, non ? Elle est où, la morale chrétienne autrement, dites un peu ? Si on n'a plus le droit de se faire téléphoner au souverain pontife sans être dérangé, ça la fout mal ! »

San-Antonio,
Béru et ces dames, Fleuve Noir, 1967

SPHINX

PRÉSENTER SON SPHINX DANS L'ARRIÈRE-BOUTIQUE : *sodomiser (une femme).*

« Merdouille, elle est rien godante, c'te souris chaldéenne. J'ai bien envie d'y présenter mon sphynx *(sic)* dans l'arrière-boutique ! »

P. Devaux,
Le Livre des darons sacrés, Éditions L'Humour des Temps, 1960

STYLO

RANGER SON STYLO : *coïter (en parlant d'un homme).*

« Cherche sexe femme 35 ans viscieuse *(sic)* pour y ranger mon stylo. »

Graffiti, Paris, 1971, in E. Ernest,
Sexe & Graffiti, Moreau, 1979

SUCETTE

FAIRE UNE SUCETTE : *pratiquer la fellation.*

« Elle lui disait : “ Va, sois pas fier,
Laiss'-toi fair' un' petit' sucette ;
Et puis ça n'te r'viendra pas cher :
Cinq sous, c'est pas beaucoup d'galette. ”
Il répliquait : “ Évidemment,
Cinq sous, la somm' n'est pas énorme ;
Mais vois-tu, tu n'bouff'rais qu' du vent,
Car, ce soir, je n'suis pas en forme. ” »

Nature morte, chanson,
in *Anthologie hospitalière et latinesque,* 1911-1913

SUCRE

SUCER LE SUCRE D'ORGE : *pratiquer la fellation.*

« C'était doux sous la langue et les palpitations de la queue lui communiquaient une fièvre sensuelle. Elle s'enhardit et, carrément, goulûment, comme une courtisane experte, elle suça le sucre d'orge, tandis que ses mains chatouillaient doucement les testicules gonflés de sperme. »

P. du Bourdel,
Mademoiselle de Mustelle et ses amies, J. Fort, 1911

T

TABATIÈRE

ALLER À LA TABATIÈRE : *(aller) coïter (en parlant d'un homme).*

« (...) et, au Por la Nobleza, ils vont à la tabatière... »

G. C. Silvagni,
La Forêt veuve, R. Laffont, 1958

TANDEM

PÉDALER SUR LE MÊME TANDEM : *vivre en couple (en parlant d'homosexuels).*

« Voilà... qu'ils pédalent tous les deux, Kurt et Virgile, sur le même tandem. Ils ont déjà un comportement de vieux ménage. Le Virgile il balance les vannes aigres-doux comme une dame avant ses règles... l'autre il prend ça en vouaï, vouaï ! Ach so !... tout sourire, rigolade même, ça lui secoue le bide. »

A. Boudard,
Cinoche, La Table Ronde, 1974

TARTE

BOUFFER DE LA TARTE AUX POILS : *pratiquer le cunnilinctus.*

« C'est reposant le bord de l'eau, ai-je soupiré. C'est beau, tout ce vert.

— Pas sur une robe, répondit-elle.

— Pourquoi vous dites ça ?

— Au cas où vous aurez dans l'idée de me piner dans l'herbe.

— Voyez distinction !... La classe !... Au bras de cette malsonnante, je rêvais des propos qu'aurait pu tenir M. Swann au bras d'Odette de Crécy en longeant cette eau verte (...). Moi, pas veinard, je me suis retrouvé à l'hôtel " Printania ", dans des draps douteux, à bouffer de la tarte aux poils ! »

M. Audiard,
Le P'tit cheval de retour, Julliard, 1975

TARTINE

GRIGNOTER LA TARTINE : *pratiquer le cunnilinctus.*

« — Ben vrai, si je m'attendais... Si j'aurais pu croire...

Une jolie complainte, vois-tu. Toutes les génisses ruminent. Elle se raconte comme c'était bon, qu'au grand jamais on lui a grignoté la tartine pareillement. »

San-Antonio,
Les Deux oreilles et la queue, Fleuve Noir, 1984

TAS

TAPER DANS LE TAS : *coïter avec vigueur et sans ménagement (en parlant d'un homme).*

« — Ma cère Sou-Sou, en le voyant, j'ai été fâchée, mais zé toujours fait l'amour avec loui et z'en été sarmée, ça m'a rajounie de vingt ans.

— Mais il sent le fumier, ton paysan !

— Je lou sais bien, mais c'est oune homme, il n'y a pas de bagatelles de la porte avec loui, il tape dans le tas, la peau m'en foumait. »

C. Virmaître,
Les Flagellants et les flagellés de Paris, C. Carrington, 1902

TEBI

JOUER À TE METS TEBI DANS LA TECHAT : *coïter.*

« Jouer à " Te mets tebi dans la techat " avec mon père pour jouir de cet instant où balançant son foutre dans le machin de ma mère ils m'avaient fabriquée, j'en avais très envie. »

N. Bley,
La Panthère bleue, J. J. Pauvert, 1971

TEMPÉRATURE

SE FAIRE PRENDRE LA TEMPÉRATURE : *se faire sodomiser.*

« Quant à l'élément masculin, sur le même chapitre des amours tarifés, il aura toute liberté de rencontrer, dans certaine brasserie à laquelle la République présente son séant, un essaim de respectueuses, toujours prêtes à se faire prendre la température. »

A. Bastiani,
Les Mauvais lieux de Paris, Balland, 1968

TENDUE

SE GRIFFER LA TENDUE : *se masturber.*

« Je gardais si fort le souvenir de ton baba, ô mon aimée, que, par deux fois, je m'en suis griffé la tendue. »

Les Lettres à la promise, 1905,
in J. Lacassagne & P. Devaux,
L'Argot du « milieu », Albin Michel, 1948

TERRAIN

ÊTRE TOUS TERRAINS : *être bisexuel.*

« — Monsieur !... tonne-t-il... Sachez que j'appartiens depuis vingt-huit ans à l'Administration...

— Ça ne veut rien dire !...

— Que je suis marié et père de quatre enfants...

— Ça ne veut toujours rien dire... Il se pourrait très bien qu'ils ne soient pas de vous... Et puis, vous pourriez très bien être " tous terrains "... Ou encore, avoir changé de goûts sur le tard... Cela s'est vu... »

M. E. Grancher,
Le Petit homme de jade, Éditions Rabelais, 1962

TERRE

ÊTRE POUR LA TERRE JAUNE : *être un adepte de la sodomie (en parlant d'un hétérosexuel ou d'un bisexuel).*

« La Chaloupe débuta par lui claquer les fesses en disant :

— Eh bien ! mon gros joufflu, tu vas jouer de la flûte, moi je suis pour la terre jaune.

Il maniait et palpait ce gros cul duveteux et, ayant passé une main sur le devant, il maniait le clitoris, puis brusquement il entra la pine mince et longue. »

G. Apollinaire,
Les Onze mille verges, 1907, L'Or du Temps, 1970

AIMER LA TERRE JAUNE : *idem (en parlant d'un homosexuel), être homosexuel actif.*

« Ta place sera pas dans une compagnie mais au pénitencier ou aux Trav's pour servir de girond à ceux qui aiment la " terre jaune "... »

A. Sylvère,
Le Légionnaire Flutsch, Plon, 1982

TÊTE

FAIRE TÊTE-BÊCHE : *pratiquer conjointement le cunnilinctus et la fellation, faire « soixante-neuf ».*

« Le Français, plus adroit, plus fécond en pensées,
N'a pas, à cet égard, de routes bien tracées ;
Selon l'âge, l'époque et selon ses désirs,
Il sait habilement varier ses plaisirs,
Et, quand parfois il trouve une motte bien fraîche,
Ce qu'il aime avant tout, c'est faire tête-bêche !!! »

L. Protat,
Examen de Flora, 1846

METTRE LA TÊTE DANS L'ÉTAU : *pratiquer le cunnilinctus.*

« Ton joli petit chien se porte à merveille ; après toi, il est le seul que je chérisse. Il n'est pas de plaisir qu'il ne m'ait fait goûter ce matin. (1) Il est infatigable (1) *(Note).* Toutes les tribades ont un petit chien, qu'elles ont grand soin d'élever à leur affreux manège. Elles appellent cet exercice mettre la tête dans l'étau. »

Lettres de Julie à Eulalie
ou Tableau du libertinage de Paris, 1784

THÈME

FAIRE LE THÈME EN DEUX FAÇONS : *se prêter au coït vaginal et au coït anal (en parlant d'une femme), les pratiquer (en parlant d'un homme).*

« — Ce fut sans doute pour vous un grand crève-cœur que de perdre ainsi deux maîtresses à la fois ?

— Pourquoi pas trois ! car la dame ne se faisait pas beaucoup prier pour faire le thème en deux façons.

— De la méchanceté ! Il est assez plaisant qu'on fronde ici ces sortes de caprices, tandis qu'on veut bien les laisser en paix dans la société ! Vous voilà trois femmes : laquelle de vous osera jurer de n'avoir jamais varié la manière de faire des heureux ? »

A. R. Andrea de Nerciat,
Les Aphrodites, 1793

« Dom Ribaudin, qui ne s'était point lassé, quoique, pendant tout ce que nous avons décrit, il eût exploité, trois fois liées, la charmante Raccrocheuse, une fois la succulente Durut pour faire la paix ; et fait encore, à la recommandation de Paillasse, son thème en deux façons avec la sublime Vérité ; Ribaudin s'était juché, par occasion, sur la jolie, mais largement entaillée Mme de Caverny. »

A. R. Andrea de Nerciat,
Le Diable au corps, 1803

THERMOMÈTRE

FAIRE REMONTER LE THERMOMÈTRE AU BEAU-FIXE : *remettre en érection.*

« Ce beau jeune homme est languissamment étendu sur le dos, assoupi, à peu près dans la posture où les peintres nous montrent Endymion, et son thermomètre descendu au variable. Nouvelle Diane, la Marquise se met en devoir de l'enfourcher ; elle éveille le dormeur et s'emparant du tube mollet, son amour-propre féminin lui persuade que tant de complaisance va faire aussitôt remonter le thermomètre au beau-fixe. »

A. R. Andrea de Nerciat,
Le Diable au corps, 1803

THERMOSTAT

RÉGLER LE THERMOSTAT : *coïter (en parlant d'un homme).*

« Mimi, c'est une sacrée baiseuse. Mon vieux, y sait tout sur elle, vu que les mardis et les vendredis il va régulièrement lui régler son thermostat. Of course, c'est un code. En clair y va la tringler. En tout cas, le thermostat de Mimi, l'aurait tendance à aller dans la zone rouge, là où y a risque d'incendie. »

F. Lasaygues,
Vache noire, hannetons et autres insectes, Barrault, 1985

TIC

FAIRE TIC TIC TICQUE : *coïter.*

« Ils faisaient par amourettes
Tic tic ticque, la la la,
Ils faisaient par amourettes
Ce qu'on appelle cela. »

Chansons de Gaultier Garguille, 1631

TIGE

BROUTER LA TIGE : *pratiquer la fellation.*

« La population locataire de ce quartier est assez hétéroclite, allant du petit employé modèle qui s'en va le matin au pas cadencé vers les joies du boulot bien fait (...) au bicot vendeur de fruits légumes sur baladeuse et à la patte-folle, vieille tapineuse en rade, qui broute la tige pour une gobette. »

J. P. Clébert,
Paris insolite, Denoël, 1952

« Sortez vos tire-moelle v'là la groupie qu'est partie à brouter la tige du refroidi ! »

F. Masse,
Tristan et Iseut, in *Métal Hurlant* n° 129, 1987

TIRE-BOUCHON

FAIRE LE TIRE-BOUCHON AMÉRICAIN : *coïter, la femme chevauchant l'homme assis sur une chaise.*

« Quoique Cornélie soit partie, le plaisir n'est pas parti avec elle ; monte chez moi, je serai bien aimable, et je te ferai le tire-bouchon américain. »

Le Fantaisiste 1, 1873

PISSER DES TIRE-BOUCHONS : *avoir une blennorragie et souffrir en urinant.*

« Mais voilà que trois jours à peine
Après les joi's de ce beau soir,
Dans le canal — ah ! quell' déveine ! —
Il vous pass' des lam's de rasoir.
On donn'rait tout son patrimoine
Pour pas pisser des tir' bouchons.

Ça, compagnons de Saint-Antoine,
Injectons-nous, petits cochons. »

Les Compagnons de Saint-Antoine, chanson,
in *Anthologie hospitalière et latinesque,* 1911-1913

TIRELIRE

BRISER LA TIRELIRE : *déflorer.*

« Maman, apprenez qu'un voleur
M'a pris la pièce qu'on admire ;
Mais ce qui me met en fureur,
C'est qu'en brisant ma tirelire,
Tout haut chantait le sacripant.
Zi, zi, pan, pan ! »

L. Festeau, in A. Delvau,
Dictionnaire érotique moderne, 1864

DÉCORTIQUER LA TIRELIRE : *coïter (en parlant d'un homme).*

« Tu penses, avec ma tire si c'est pratique quand j'lève, j'emballe et d'auto, la campagne, le porto à Bicherel ou à Cornebiche, enfin les p'tits coins peinards et pis chouettes, quoi ! Ah ! pis ça traîne pas, tu penses, dans les bois, dans la tire, par ici la sœur et j'te lui décortique la tirelire, j'te lui retrousse l'ombrelle. Un coup dans le chouette, un coup dans le régulier, tout le papo. »

Simonin & Bazin,
Voilà taxi !, Gallimard, 1935

« Attends, môme, il pense... j'm'en vais, moi, te cloquer sur le canapé, et puis te la décortiquer à zéro, ta belle tirelire ! que tu demanderas grâce !... »

A. Simonin,
L'Élégant, Gallimard, 1973

TIROIR

REMPLIR LE TIROIR : *mettre enceinte.*

« Or, nozigues, on connaît une famille qu'avait sept frangins. Le premier se marida avec une nénette tout ce qu'il y a de plus choucarde mais claqua avant d'avoir rempli l'tiroir à sa grosse. »

J. M. Keurbé & M. Thiégurel,
Les Évangiles en argot, Éditions S.V.P., 1989

TOCSIN

SONNER LE TOCSIN : *masturber (une femme) ; se masturber (en parlant d'un homme).*

« Le cochon sonnait le tocsin
Sur le bouton de son vagin
Avec son médius sans corne. »

A. Watripon, in A. Delvau,
Dictionnaire érotique moderne, 1864

« De retour à la maison, je fus prié de me coucher sans manger, condamné à sonner le tocsin d'une main vigoureuse au fond de mon lit en pensant à la femme de Victor, le coiffeur... »

C. Lépidis,
Des Dimanches à Belleville, A.C.E., 1984

TOILE

DÉBLAYER LES TOILES D'ARAIGNÉES : *coïter avec une femme âgée restée vierge ou encore une femme restée chaste pendant longtemps.*

« Salut, mignonne. Faudra ben qu'un jour je te déblaie les toiles d'araignées à toi aussi, ma Gosse. On va pas te laisser canner avec un slip en friche, quoi, merde ! »

San-Antonio,
J'ai essayé, on peut !, Fleuve Noir, 1973

TOILETTE

FAIRE LA TOILETTE : *pratiquer le cunnilinctus.*

« À ma droite, un vieux sénateur,
Fait la toilette à mam'zell' Rose ;
Je n'vous dirai pas, par pudeur,
Comment il pratique la chose :
Mais en argot d'chambre à coucher,
Ça s'appelle gamahucher. »

Chanson anonyme, in J. Choux,
Le Petit citateur, 1869

FAIRE LA TOILETTE AU PETIT JEUNE HOMME : *pratiquer la fellation.*

« Quand de tes bras le monsieur se dégomme,

Avec pudeur, avec honnesteté,
Fais la toilette à son petit jeune homme :
Il faut avoir de l'émabilité. »

L. Festeau,
Ibidem.

TOMATE

ÉCRASER DES TOMATES : *avoir ses règles.*

« — Eh bien, va coucher avec Mélie...

— Peux pas : elle écrase des tomates, depuis deux jours, que ça en est dégoûtant. »

Seigneurgens, in A. Delvau,
Dictionnaire érotique moderne, 1864

TONNEAU

PERCER LE TONNEAU : *déflorer.*

« On dit qu'il perçait lui-même le tonneau avant de donner à boire à ses gendres. »

G. Tallemant des Réaux,
Historiettes, 1657

TOTOCHE

MENER TOTOCHE À MÉDRANO : *coïter (en parlant d'un homme).*

« Tu me diras : il y a des compensations. Et ça c'est plus que vrai, mon pote : avec tous ces prisonniers qui n'reviennent pas, les bergères commencent à se sentir le biniou plutôt nerveux... Tu m'comprends ? C'est la chasse à la gisquette, elle est ouverte en permanence !... Il n'y a plus qu'à se servir, le gonze fait prime sur le marché, surtout celui qui a du muscle au derrière et la manière de s'en servir... C'est dix fois par jour qu'on mènerait Totoche à Médrano !... Si ça continue, je vais être obligé de me la mettre en loterie !... »

R. Rabiniaux,
La Bataille de Saumur, Buchet/Chastel, 1971

TOUCHE

JOUER À TOUCHE-PIPI : *(se) faire des attouchements, (se) masturber.*

« Des gamins efflanqués, noirs de crasse, un kilo de merde aux fesses, les yeux brillants, les jambes grêles, jouent aux billes et à touche-pipi devant les bordels. Par instants, fusent des cris, des rires gras, des bribes d'engueulade par les fenêtres aux persiennes closes. »

M. Raphaël,
Ainsi soit-il, Éditions du Scorpion, 1947

« Palisseau prétendait qu'il existait passage du Havre une boutique où l'on vendait de la lingerie spéciale et toutes sortes d'accessoires pour jouer à touche-pipi. En acheter et s'en servir. Mais comment affronter la vendeuse et lui demander ce genre d'articles ? »

R. Guérin,
L'Apprenti, Gallimard, 1946

TOUFFE

SUCER LA TOUFFE : *pratiquer le cunnilinctus.*

« Alors que je commençais à prendre un peu de plaisir à cette douceur, elle sort un pistolet de je ne sais où et me crie : “ À genou et suce-moi la touffe ou je crible ta petite tête de trous. ” »

Dirty comics 2, Éditions Transit, 1979

TOUR

TÉLÉPHONER À LA TOUR DE CONTRÔLE : *pratiquer la fellation.*

« Je pense que nous avons eu tort de paniquer pour Rita. Son client est sérieux. Il se laisse téléphoner à la Tour de Contrôle avec une telle satisfaction que son bonheur fait plaisir à voir. »

San-Antonio,
Béru et ces dames, Fleuve Noir, 1967

FAIRE LE TOUR DU MONDE SUR LE MANCHE À BALAI : *coïter (en parlant d'une femme).*

« Que puis-je faire pour toi, mon vieux ?

Que dirais-tu de faire le tour du monde sur mon manche à balai ? »

Dirty comics 2, Éditions Transit, 1979

TOURLOUROU

TRAVAILLER TOURLOUROU : *sodomiser (un homme).*

« Pendant son séjour à la Nouvelle, E... souffrait beaucoup du manque de femmes. Une seule fois il put posséder une femme canaque. Habituellement il avait recours aux complaisances de ses compagnons de chaîne, à qui, du reste, il rendait le même service ; d'autres fois, avec une pièce de vingt sous, il décidait un Canaque à se laisser " travailler tourlourou ". »

E. Laurent,
Les Habitués des prisons de Paris, 1890

TRACASSIN

AVOIR LE TRACASSIN : *être en érection.*

« Le pescalle, d'autore, il dégauchit la plus bath, il y agace les nageoires, et comme il a le tracassin, il dit à la ménesse : " retourne ton gouvernail que j't'arrache une écaille "... »

P. Devaux,
La Langue verte et les Propos de l'affranchi, Hazan, 1936

TRANCHE

S'EN PAYER UNE TRANCHE : *coïter.*

« Dès que je la vis trottinant nez au vent, l'œil malin et la bouche rieuse, avec ses hanches captivantes et son corsage rembourré de chair jeune et fraîche, je me dis : Faudra, mon vieux colon, que tu te payes une tranche de ce trognon-là. »

H. France,
Les Joyeusetés du régiment,
in *Dictionnaire de la langue verte,* Librairie du Progrès, 1907

« Gy, se dit Armand, fixé, c'est cette grande pute de Lucie ! (...) Il lui faudrait un drôle de souffle à cette jument pour descendre dans le noir s'en payer une tranche avec Louis au pied de l'escalier ! »

A. Simonin,
Du Mouron pour les petits oiseaux, Gallimard, 1960

« — Vous allez voir les canons qu'il y a là-dedans !
— Vau... Vaurien, viens ! On va s'en payer une tranche !
Ha ! ha ! hic ! »

Tramber,
La Grande souris noire, L'Écho des Savanes, Albin Michel, 1988

TRAPPE

LA COLLER DANS LA TRAPPE : *sodomiser (un homme).*

« — Eh là ! qu'y gueule l'arbi en bon accent de Sarcelles. Tu veux pas non plus que je déroule ma braguette ? Et que je te la colle dans la trappe ? »

J. L. Degaudenzi,
Zone, Fixot, 1987

TREMPETTE

TIRER SA TREMPETTE : *coïter (en parlant d'un homme).*

« Les dires du père Louze ne l'empêchaient pas de tirer sa trempette chaque soir. Il escaladait la mère Louze, bréhaigne, lorsqu'elle était endormie et la foutrait tant que ça pouvait. Elle avait le vin dormitif, roupillait comme une brute et une loque, ce qui permettait au père Louze de la mettre sur le dos et de lui écarter les cuisses sans qu'elle réagisse le moindre peu. Alors, il s'activait dans ce con crasseux et faisandé. »

R. Trubert,
Succube, Gallimard, 1947

TRIBART

VIDER LE TRIBART DANS L'ESCARCELLE : *coïter (en parlant d'un homme).*

« Que jugez-vous de mon bagage ?
Regardez-moi sur le visage :
N'ai-je pas un assez beau nez ?
Quoi ? Ad formam nasi, ma belle,
Jugez-vous pas qu'en l'escarcelle
J'ai le tribart fort bien vidé ? »

C. d'Esternod,
L'Espadon satyrique, 1619

TRICOTIN

AVOIR LE TRICOTIN : *être en érection.*

« Elle avait dix-huit ans, des yeux comme deux pistolets sous l'effronté chignon plaqué sur les oreilles en ailes de corbeau, une toute petite figure de poupée vicieuse et même un peu canaille, oui, des tétons provoquants *(sic)* — et ren que de la voir marcher dans les sillons en balançant s'taille de guêpe sus ses hanches qui faisaient gondole et ses fesses mobiles, foi de camberlot, compagnon, on en avait le tricotin. »

M. Stéphane,
Ceux du trimard, Grasset, 1928

FOUTRE LE TRICOTIN : *mettre en érection.*
« Et je te parle point de ses damnés déhanchements à fout' le tricotin à un ange (et Batiss' était mie ange !) de ses allusions perpétuelles aux plaisirs del alcôve, de ses œillades... »

M. Stéphane,
Sirènes de cambrouse et Margots des bois,
Éditions de la Nouvelle Revue Critique, 1931

TRINGLE

AVOIR LA TRINGLE : *être en érection.*
« Non ! car, voyez-vous, ce mauvais prêtre-là,
C'est au boxon qu'il va,
Parc' que la tringle il a ! »

La Chanson du prêtre,
in *Anthologie hospitalière et latinesque,* 1911-1913

ÊTRE DE LA TRINGLE : *être porté sur le sexe.*
« On ignorait encore Hitler. On becquetait de la bonne grosse croûte et on fumait de bons cigares. La femme était d'une facilité que rien n'approche pour un jeune qui était de la tringle. C'était véritablement la fête à Neu-Neu. »

F. Trignol,
Pantruche ou les mémoires d'un truand, Fournier, 1946

METTRE LA TRINGLE : *être privé de relations sexuelles.*
« Nom de Dieu, fais jamais ça, qu'il se redresse ou je dénonce vos trafics ! Et m'soupe, qui la fera ? Et m'ménage, qui le tiendra ? Et aussi pour le devoir, j'y mettrai l'tringle, alors ? S'on se marie, c'est pour avoir s'femme à s'disposition, je pense ? »

M. Stéphane,
Sirènes de cambrouse et Margots des bois,
Éditions de la Nouvelle Revue Critique, 1931

TRINGLOMANE

JOUER AU TRINGLOMANE : *coïter.*

« Et c'est pas sa poire qui aurait contredit son oncle, because qu'il passait ses journailles à tortorer et à écluser, et ses noilles à jouer au tringlomane avec les mignonnes esclaves qui y allaient pas que d'une mouille ; car on sait que dans cette contrée, les souris ne possèdent aucun angle mort dans le pétrus. »

P. Devaux,
Le Livre des darons sacrés, Éditions L'Humour des Temps, 1960

FAIRE LE TRINGLOMANE DANS LE ZÉRO : *sodomiser (une femme).*

« Que n'étiez-vous là, chère absente, j'en eusse usé comme j'en usai avec sa poire. Après le baba, je tournai la page et fis le tringlomane dans le zéro avec (je dois le bonir) sympathie de part et d'autre. Pouvez-vous m'en vouloir ? »

Les Lettres à la promise, 1905,
in J. Lacassagne & P. Devaux,
L'Argot du « milieu », Albin Michel, 1948

TRIQUE

AVOIR LA TRIQUE : *être en érection.*

« Dis donc, Vachère. Tâche de me dégoter une rombière. Y a pas trop de boulot et j'ai une trique formidable, un tracassin à casser des noix. »

M. Fombeure,
Soldat, Gallimard, 1935

FILER LA TRIQUE : *mettre en érection.*

« J'ai vu Jane, elle me file la trique.
Oh ce soir ça va être épique... »

Tramber & Jano,
Kebra chope les boules !, Les Humanoïdes Associés, 1982

TROGNON

S'ÉPONGER LE TROGNON : *coïter (en parlant d'un homme).*

« J'sus tout à côté, Mec, chez une gravosse façon baobab qui me paraît mériter ses trois étoiles au Michelin de la tapinerie.

Bouge surtout pas, le temps de m'éponger le trognon et je reviens te chercher. »

San-Antonio,
Appelez-moi chérie !, Fleuve Noir, 1972

TROMBONE

SE DÉBIGORNER LE TROMBONE À COULISSE, *coïter.*

« — Vous avez téléphoné ? demande-t-elle, espérant qu'oui et qu'ainsi donc on est peinard pour se débigorner le trombone à coulisse. »

San-Antonio,
Concerto pour porte-jarretelles, Fleuve Noir, 1976

TROMPETTE

SOUFFLER DANS LA TROMPETTE : *pratiquer la fellation.*

« Viens souffler dans ma trompette
Et sanctionner une culbute
Dans les blés verts
Mon joli bas-bleu
Ma supercherie
Ma mignardise ma bouche en cœur
Viens faire des sottises avec moi. »

L. Durrell,
Tunc (en français dans le texte), Gallimard, 1969

TAILLER UNE TROMPETTE À LA NEIGE : *idem.*

« Un jour il s'est décidé et il a passé sa quéquette entre les barreaux. La gosse, quand elle a vu ça, elle n'a fait ni une ni deux et lui a taillé aussi sec une trompette à la neige. »

G. Vartanian,
Grégor, le roi de la chine, La Table Ronde, 1977

TROU

JOUER AU TROU-MADAME : *coïter.*

« Le capitaine de l'Estoile se plaint de sa femme, de ce qu'elle lui a refusé de jouer au trou-madame... »

Cholières,
Les Après-disnées, 1587

« Au séminaire de Montrouge
(...)
Chacun, en amateur de cul,
Loin de jouer au trou-madame,
Jouait toujours au trou du cul. »

Le Passe-temps de Montrouge, chanson, in A. Delvau,
Dictionnaire érotique moderne, 1864

LA FOUTRE DANS LE TROU QUI PÈTE : *sodomiser (une femme).*

« D'autres pour plaire à leur bourgeoise
Prennent des poses en amateur,
En brouette, à la chinoise,
En levrette, en artilleur.
Moi, pour fair' mes p'tites affaires,
J' m'occupe pas d'tous ces trucs-là :
J'la lui fous dans l'trou qui pète. »

La Terre jaune, in T. Staub,
L'Enfer érotique de la chanson folklorique française,
Éditions d'Aujourd'hui, 1981

TROUFIGNARD

DÉFONCER LE TROUFIGNARD : *sodomiser.*

« Oui, je te défoncerais le troufignard à grands coups de reins, dis, tu la sens ma grosse veine bleue ? »

M. Veyron,
L'Amour propre ne le reste jamais très longtemps,
L'Écho des Savanes, Albin Michel, 1983

TROUSSE

S'EN FAIRE METTRE PLEIN LA TROUSSE, *coïter (en parlant d'une femme).*

« Fectivement, on était presque à l'croisée del route du camp et de celle d'Achères, et juste sus cette-là et venant del porte des Pétrons, s'amenait l'carriole à mâme Rigobert, au petit trot de Bijou, qu'avait les rênes sus l'croupe, stapendant que l'maîtresse soi-même, renversée et gigotante de plaisir de l'aut' côté del banquette, avait s'goncier ent' les cuisses, et s'en faisait met' plein l'trousse, oui, tout comme ça, quoi, à même les fânes, feuilles de choux et aut' détritus... »

M. Stéphane,
Sirènes de cambrouse et Margots des bois,
Éditions de la Nouvelle Revue Critique, 1931

TROUSSÉE

SE FAIRE METTRE UNE TROUSSÉE : *coïter (en parlant d'une femme).*

« Et elle est allée en voiture le retrouver et s'faire mettre une troussée maison. »

G. C. Silvagni,
La Peau des mercenaires, Gallimard, 1954

TUBULURE

DÉTARTRER LA TUBULURE : *pratiquer la fellation.*

« En premier de cordée, t'as tu sais qui ? Le fils Michu-Blumenstein, à qui une grosse rouquine aux nichons rampants détartre vigoureusement la tubulure. »

San-Antonio,
Concerto pour porte-jarretelles, Fleuve Noir, 1976

TURBINE

SE FAIRE RAMONER LA TURBINE À CHOCOLAT : *se faire sodomiser (en parlant d'un homme).*

« Il était courant, à Mettray, qu'une bouche d'enfant prononçât : " Va te faire dorer par les Grecs " et, le soir, à Fontevrault, j'ai dit comment se terminent souvent les quelques minutes où nous ouvrons nos fenêtres.

Sur un mot, quelqu'un part :

— Et moi, j't'encule !

— T'encules les fesses de mon nœud, salope !

— Ton nœud n'a jamais eu de fesses. C'est tes fesses qu'ont un nœud.

Et le dernier interpellé peut se taire, un pote répondra pour lui :

— Va te faire ramoner la turbine à chocolat.

Et puis :
— Va te faire mettre un doigt dans l'œil de Gabès. »

J. Genet,
Miracle de la rose, 1943, in *Œuvres complètes,* Gallimard, 1951

PASSER À LA TURBINE À CHOCOLAT : *sodomiser (un homme).*

« Ils accostent des papas devenus tantes sur leurs vieux jours :
— J'te prends ton cul ce soir, mon chéri ?...
— C'est t'y c'soir que j'te passe à la turbine à chocolat, mon chéri ?... »

N. Bley,
La Panthère bleue, J. J. Pauvert, 1971

TURC

METTRE LE GRAND TURC DANS CONSTANTINOPLE : *coïter (en parlant d'un homme).*

« Mais Le Rocher était si prodigieusement gros qu'il avait toutes les peines du monde à mettre le Grand Turc dans Constantinople, et d'ailleurs Hïante recélait un poupon dans ses flancs, de manière que le donjon de son ventre était fort élevé et n'apportait pas un petit obstacle au mouvement de leur traquenard. »

P. C. Blessebois,
Le Rut ou la pudeur éteinte, 1676

TURLUTE

FAIRE UNE TURLUTE : *pratiquer la fellation.*

« Côté Juliette, la vedette m'échappait, j'avais une doublure qui semblait jouer son rôle à merveille et qui s'appelait Papin, Germaine la tapineuse, baptisée Lissac à cause de ses lunettes qui la gênaient quand elle faisait une turlutte. »

M. Rolland,
La Rouquine, Balland, 1976

« — Voilà, tu vois, c'est pas la mer à boire, allez, pompe bien, tu vas réussir à le faire triquer.
— Et toi connard, tâche de bander. Bande ou on t'assaisonne.

Imagine-toi que tu te fais faire une turlute par une frangine à qui tu vas faucher le casino après lui avoir mis des coups sur la tête. »

J. Cordelier,
La Dérobade, Hachette, 1976

« Je m'y attardais pas tant... juste j'allais passer mes coups de bigophone dans l'arrière-salle au milieu des tonneaux... dans l'odeur de cave, là où, disait-on, Anatole se faisait faire des turlutes par les ménagères en mal de ravito, le dégueulasse. »

A. Boudard,
Le Café du pauvre, La Table Ronde, 1983

TURLUTUTU

GLOUTONNER LE TURLUTUTU : *pratiquer la fellation.*

« Je devrais le driver à l'hosto, dans son état, mais il refuse avec véhémence, comme quoi il est assez grand pour guérir tout seul dans son lit à lui, à l'aide de son propre beaujolais primeur et que des cachets pour calmer la douleur, mercille beaucoup, y t'les donne ; une bonne p'tite pipe lu suffit, Sandre. Une bergère vaillante qui te gloutonne le turlututu sans bâcler, de tout son p'tit cœur, t'assure des repos aux réveils vachement clean. »

San-Antonio,
Chauds, les lapins !, Fleuve Noir, 1986

TUTU

MANGER LE TUTU : *pratiquer le cunnilinctus et l'anilinctus en même temps.*

« Je suis tout simplement retourné à la Botte, ces derniers temps, j'y ai retrouvé ma bonne Isabelle à qui je mange le tutu à tour de langue. — Comme c'est plus simple ! »

J. K. Huysmans,
Lettres inédites à Arij Prins, 1885-1907, Droz, 1977

TYROLIENNE

CHANTER LA TYROLIENNE : *pratiquer le cunnilinctus.*

« — Tu vas chanter la tyrolienne, Groucho ?
— J'adore ça ! »

Dirty comics 2,
Éditions Transit, 1979

U

URINE

MÉLANGER SES URINES : *coïter.*

« (...) vous voilà pagnotés, comme c'est doux, mais vous n'êtes pas là pour gauler des noix, comme de juste, vous faites l'amour : vous tirez un coup, vous tringlez, vous fourrez, vous mélangez vos urines... »

P. Devaux,
La Langue verte et les Propos de l'affranchi, Hazan, 1936.

V

VAISSELLE

LAVER LA VAISSELLE : *pratiquer le cunnilinctus (en parlant d'une lesbienne le plus souvent).*

« J'ai mon vieux, s'il savait que je lave la vaisselle, il m'enverrait aux pelotes. »

C. Virmaître,
Mlles Saturne, 1898

« L'amie avait pour compagne un caniche noir magnifique : la baronne d'Ange en avait un également, mais de couleur lilas ; ces deux chiens étaient admirablement dressés. Ils eussent fait la fortune d'un cirque ; ils excellaient dans l'art de laver la vaisselle. »

C. Virmaître,
Les Flagellants et les flagellés de Paris, C. Carrington, 1902

VALOCHE

SE VIDER LES VALOCHES : *coïter (en parlant d'un homme).*

« Salut, les mals-bolés ! J'me trisse en week-end sur la Côte d'Az !!! C'est plein de femelles y paraît ! J'ai besoin de me vider les valoches depuis l'temps... »

Tramber,
Pas de cadeau à Gromago, L'Écho des Savanes, Albin Michel, 1989

VASE

PRENDRE DU VASE : *se faire sodomiser, être homosexuel passif.*

« Le jeune homme, voyez-vous, faut le mettre en garde contre les pédaleurs de charme. (...) Bien sûr, s'il veut faire une carrière dans le cinoche ou la couture, ça aide. Dans l'antiquité et la coiffure idem ; mais à part ces quatre branches que je cause, s'entraîner à prendre du vase, croyez-moi, c'est pas un placement de père de famille ! »

San-Antonio,
Le Standinge selon Bérurier, Fleuve Noir, 1965

VENIN

CRACHER SON VENIN : *éjaculer.*

« Mon codétenu disait que parfois le type, ça le faisait cracher son venin immédiat... jouir de cette surprise qui n'en était pas une, à vrai dire... que d'autres fois, il débandait et qu'alors il lui demandait bien poliment de la remplacer auprès de la dame... " Allez-y... ne vous gênez pas, mon brave ! " »

A. Boudard,
La Fermeture, R. Laffont, 1986

VENTRE

SOUFFLER DANS LE VENTRE : *pratiquer la fellation.*

« Mon voisin (...) me fait tapisser deux polotes qui au dortoir à Ré se soufflaient dans le ventre et faisaient la soupe. Ils furent obligés de les bastonner à coups de polochons et cela n'empêcha pas ces deux soupières de continuer, me dit-il. »

A. Dussort,
Journal, Mémoires et Lettres sur la vie des bagnards en Guyane, manuscrits 1929-1934

VER

LOGER SON VER : *coïter (en parlant d'un homme).*

« Il y a, en outre, à Florence, un tas de tortues interlopes, plus ou moins séparées de leurs maris, de gaupes scandaleuses, de carcontes passées de mode, de lionnes sous la remise, de réputations détraquées, de matrices décrochées, de vagins à pessaires, de mouchardes russes, de bas-bleus anglais, de tribades douteuses, de pédérastes vagues, où l'on pourrait trouver à loger son ver, si l'on avait les goûts de Balzac. »

T. Gautier,
Lettre à la Présidente, Voyage d'Italie, 1850

VERMICELLE

TREMPER LE VERMICELLE : *coïter (en parlant d'un homme).*

« Le mac sursauta. (...) Se voyait déjà privé d'une comptée de quatre-vingt sacotins. Recta. Et pas une remplaçante en vue partante pour les asperges. Sale coup. Juste avant la saison touristique durant laquelle les Japs balançaient joyeusement leurs paquets de yens pour tremper et s'encanailler le vermicelle de contrebande. »

J. Houssin,
Les Crocs du Dobermann, Fleuve Noir, 1981

VERRE

NETTOYER SON VERRE DE LAMPE : *coïter (en parlant d'un homme).*

« — (...) Je connais au moins dix façons de dire qu'on va faire l'amour.

(...) — Allez au cul. Faire un carton. Mélanger ses urines. Tirer une pétée. Mettre la cheville dans le trou. Bourrer. Bitter.

(...) — Dérouiller son petit frère. Aller au cul...

— Ah ! Non ! Tu l'as déjà dit ! Il ne faut pas tricher.

— Alors je le raye. Caramboler. Nettoyer son verre de lampe Dérouiller son sabre. Foutre. Filer un coup d'arbalète. Piner. »

R. Trubert,
Succube, Gallimard, 1947

VÉSUVE

AVOIR UN VÉSUVE DANS LE CALCIF : *avoir une forte érection.*

« Que mon braquemart soit un dard ! Que ma biroute n'ait plus de doute ! Gaule en bois zob en fer ! Mauvais sort va en enfer !!! Ça marche ! Ça marche ! J'ai un Vésuve dans le calcif !!! Miracle, c'est Noël ! »

Tramber,
La Grande souris noire, L'Écho des Savanes, Albin Michel, 1988

VEUVE

ÊTRE MARIÉ AVEC LA VEUVE POIGNET : *se masturber, s'adonner à la masturbation.*

« — Ça manquait un peu de femmes ? observa Doche.

— T'en fais pas pour ça, vieux Charles. Les femmes m'ont jamais manqué. J'avais juste douze ans quand je m'suis marié avec la Veuve Poignet. J'l'ai tellement trouvée à mon goût qu'on s'est jamais quittés depuis, nous deux. Tu parles d'une mariée qui est bath ! vieux Charles. On s'est pas seulement disputés une fois depuis qu'on est ensemble et pour la mettre en chantier, allez, pas d'histoires ! Vas-y Léon... Cinq japonais contre un russe. Et j'te connais bien ! Et y a pas de pet qu'elle m'envoie à l'infirmerie, va, vieux Charles ! »

A. Sylvère,
Le Légionnaire Flutsch, Plon, 1982

ÊTRE LOGÉE CHEZ LA VEUVE J'EN TENONS : *être enceinte.*

« Et si ! mon enfant, tu dis toujours la même turlure. Eh bien, tu es logée chez la veuve J'en tenons ? Voyez le grand malheur ! Si toutes les filles se pendaient pour ça, vraiment, il n'y aurait pas tant de femmes mariées. »

A. de Caylus,
Les Écosseuses, 1739

VIDANGE

FAIRE UNE VIDANGE : *pratiquer la fellation.*

« En tombant à mes pieds, elle dit : " Tu ne savais pas que j'étais le meilleur garage à viés du quartier ? Je vais te faire une vidange dont tu me diras des nouvelles. " Elle cale ma bite dans sa bouche et démarre. Langue et dents. Lustrage et polissage... Je me réveille en sursaut. »

G. Guégan,
Un Silence de mort, Lattès, 1975

VILLA

ÊTRE DE LA VILLA TIRE-BOUTON : *être lesbienne.*

« (...) mais un beau jour, ô catastrophe, vous apprenez votre infortune conjugale : vous êtes doublé, vous en portez, c'est officiel ; un pote qui vous voulait du bien vous a rencardé : votre ménesse page avec un gigolo. Mais les renseignements de votre copain sont faux ; pas question de gigolo, c'est dans les bras de sa meilleure copine que votre femme monte au septième ciel : Madame est de la villa tire-bouton. »

P. Devaux,
La Langue verte et les Propos de l'affranchi, Hazan, 1936

VILLEJUIF

METTRE VILLEJUIF EN QUIMPER-CORENTIN : *coïter (en parlant d'un homme).*

« Or mettons, nymphe au blanc tétin,
Villejuif en Quimper-Corentin ;
Or saurons sans plus de remise
Ce qui gît dessous votre frise. »

C. d'Assoucy,
Ovide en belle humeur, 1650

METTRE VILLEJUIF DANS PONTOISE : *idem.*

« Messieurs nos quatre généraux,
Avec leurs troupes bourgeoises,
Ils ont fait de fort beaux cadeaux,
Messieurs nos quatre généraux,
Et même un beau pont de bateaux
Pour mettre Villejuif dans Pontoise. »

Chanson, XVIIe siècle, in Francisque — Michel, *Études de philologie comparée sur l'argot,* 1856

VIRGULE

ENGAINER SA VIRGULE : *coïter* (en parlant d'un homme).

« Demain quand descendra l'ombre du crépuscule,
Tu pourras tout à l'aise engainer ta virgule. »

Tour du bordel, in J. Choux, *Le Petit citateur,* 1869

VOILE

ÊTRE, ou MARCHER, ou NAVIGUER, À VOILE ET À VAPEUR : *être bisexuel; être bisexuelle (4e citation).*

« — Mais tu disais que le bonhomme de cette dame était de la joyeuse pédale londonienne ! s'étonne mon élève qui commence à s'y perdre.

— Faut croire qu'il était à voile et à vapeur, puisqu'il a eu un héritier ! »

San-Antonio,
L'Histoire de France, Fleuve Noir, 1964

« Le fait est que ce vicomte était un zèbre vraiment bizarre, marchant à voile et à vapeur, sans doute... un comportement qui m'échappait à l'époque. »

A. Boudard,
L'Éducation d'Alphonse, Grasset, 1987

« Dans les désordres du sommeil et en fonction de l'exiguité du divan, Antoine et Jean-Baptiste qui s'étaient endormis en chiens de fusils s'étaient réveillés tendrement enlacés. L'éminent académicien dut en tirer d'étranges conclusions. Bien que n'étant pas amiral il avait la réputation de naviguer à voile et à vapeur. »

R. Bastide & J. Cormier & A. Blondin,
Alcools de nuit, M. Lafon, 1988

« Je me retournai vers Diane, une jeune chanteuse naviguant à voile et à vapeur et parfois à la godille, allongée près de moi... »

A. Bastiani,
Les Mauvais lieux de la Côte d'Azur, Balland, 1969

VOISIN

ALLER CHEZ LE VOISIN : *sodomiser (une femme).*

« Attends... attends donc que je relève ma robe dessous... tu veux donc tout me déchirer !... Tiens... me voilà... Va... Pas comme ça, donc ! tu vas chez le voisin...

H. Monnier,
La Grisette et l'étudiant,
in *Le Théâtre érotique de la rue de la Santé,* 1864-1866

« Et que jamais d'un con votre vit s'écartant,
N'aille chez le voisin s'héberger en sortant. »

L'Art priapique, 1864

VOLCAN

AVOIR SON VOLCAN EN ÉRUPTION : *être sexuellement surexcitée.*

« Elle gloussait tout ce qu'elle pouvait, avec de brusques tressaillements suivis d'instants où elle se figeait, rigide comme une morte, les dents serrées, le souffle court, l'œil révulsé, pour se remettre à tanguer, la seconde d'après.

(...) Celle-là, elle avait son volcan en éruption. Un tremblement de terre des doigts de pied à la racine des cheveux. »

A. Bastiani,
La Croix des vaches, Éditions du Gerfaut, 1958

VOYAGE

Y ALLER DE SON VOYAGE : *jouir intensément, avoir un orgasme fort (en parlant d'une femme).*

« — Tu sais, lui dit simplement Jonas, tu n'es qu'une sale garce... Je t'avais défendu de te laisser aller avec ce cochon d'Empereur, et tu as joui comme une biche.

— Dame, que veux-tu... Tu l'avais mis dans un tel état ton Empereur, que n'importe qui y serait allé de son voyage... »

Les Folies amoureuses d'une Impératrice, 1865

« Seulement, il y a Marcel... J'étais maquée à lui et j'croyais que le fait d'être sa gosse c'était ça l'amour..., car je suis une super-sentimentale... Et ben, non, c'était pas ça... C'est avec toi qu'j'ai goûté l'amour, que j'me suis envoyée en l'air et qu'j'y ai été d'mon voyage pour la première fois... »

G. Sandry & J. Kolb,
P'tit Pote, La Couronne Littéraire, 1950

FAIRE UN VOYAGE DANS LA LUNE : *sodomiser (une femme).*

« C'est une maison spéciale à tarif réduit, puisque pour quinze francs tout compris, ces dames vous font faire un délicieux voyage dans la lune ! »

G. Montho,
Le Vrai Milieu, Mignolet & Storz, 1934

Y

YAOURT

ENVOYER LE YAOURT : *éjaculer.*

« De la rue, on voyait la maison d'Amédée un peu planquée par les grands arbres. C'était une taule de grands rupins en meulière et entourée d'un parc avec des serres, des pelouses, une piscine et un verger. Qu'est-ce qu'il avait fallu comme gonzesses pour faire envoyer le yaourt aux caves dans son hôtel de la rue Richepanse pour se casquer une labanedue pareille ! »

F. Trignol,
Vaisselle de fouille, Éditions de la Seine, 1955

YOYO

JOUER AU YOYO AVEC SA PINE : *se masturber.*

« (...) et trouver subito une partenaire bénévole pour baiser presto parce qu'il n'aimait pas la vénalité en amour et qu'il n'était plus d'un âge à jouer au yoyo avec sa pine. »

R. Trubert,
Succube, Gallimard, 1947

Z

ZAGUE

FAIRE ZAGUE-ZAGUE : *masturber (un homme).*

« Voilà la connaissance faite... Comtesse, sans compliment, empoigne-le par le milieu. Là ! là ! à merveille ! Promène ta main d'un bout à l'autre, et serre-le-moi fort, de peur qu'il n'échappe. Fais zague-zague... Ah ! très bien ! Donne-moi ton joli visage ; donne ta bouche, que j'y colle la mienne... »

A. J. Le Riche de La Popelinière,
Tableaux des mœurs du temps dans les différents âges de la vie, 1750

ZIC

FAIRE ZIC-ZAC : *coïter (en parlant d'un homme).*

« Le texte dit que, foullando,
En foulant, et faisant zic-zac,
Le galant se trouve au bissac. »

Farce nouvelle de Jeninot, vers 1550

ZIG

FAIRE ZIG-ZIG : *coïter.*

« La poupée qui faisait zigzig avec Timothy, le gusse à la soutane, tu te rappelles ? On n'en a jamais rien su... »

J. F. Coatmeur,
Morte fontaine, Denoël, 1982

ZIGOMAR

EMMENER ZIGOMAR AU CIRQUE EN GRANDE PREMIÈRE MONDIALE : *coïter pour la première fois (en parlant d'un homme).*

« Beaucoup de premiers communiants au moment de monter à l'autel ont déjà grimpé la bonne ou exploré le hangar à missiles des copines de maman. Je sais qu'en ce qui me concerne, c'est la semaine d'avant ma communion justement que j'ai emmené Zigomar au cirque en grande première mondiale. »

San-Antonio,
Le Standinge selon Bérurier, Fleuve Noir, 1965

ZIGOUNETTE

POMPER LA ZIGOUNETTE : *pratiquer la fellation.*

« La scène ici représentée (une jeune fille de la haute société pompant goulûment, entre l'office et la salle à manger, la zigounette d'un larbin) est d'un humour typiquement louÿsien. »

Fascination, n° 20, 1983

ZIZI

JOUER À ZIZI-PANPAN : *coïter.*

« Elle est organisée, la dame ! Les gonzesses le sont toujours dans ces cas-là. Pour jouer à zizi-panpan elles s'entourent de mille précautions. »

San-Antonio,
Du Mouron à se faire, Fleuve Noir, 1955

ZON

FAIRE ZON : *coïter.*

« Vous avez l'œil fripon,
Ma charmante voisine ;
Si vous ne faites zon...
Vous en avez la mine...
Et zon, zon, zon... »

Lattaignant,
in J. Choux, *Le Petit citateur,* 1869

ZOZOR

TIRLIPOTER LE ZOZOR : *pratiquer la fellation.*

« L'hôtel est tranquille que juste un prince arabe dérouille sa seizième concubine qui a oublié de baiser sa babouche droite, avant de lui tirlipoter le zozor, mais le temps qu'il lui crève un œil et la paisibilité revient. »

San-Antonio,
L'Année de la moule, Fleuve Noir, 1982

Cet ouvrage
a été composé
par l'Imprimerie BUSSIÈRE
et imprimé
sur presse CAMERON
dans les ateliers de la S.E.P.C.
à Saint-Amand-Montrond (Cher)
en février 1993

Illustration de couverture :
Herouard (X.D.R.)

N° d'éditeur : 1286. N° d'impression : 3566-2563.
Dépôt légal : février 1993.

Imprimé en France

ISBN : 2 85018 380 6